和谐校园文化建设读本

中小学生怎样与父母沟通

王　颖/编著

吉林出版集团股份有限公司

吉林教育出版社

图书在版编目（CIP）数据

中小学生怎样与父母沟通／王颖编著. —长春：
吉林教育出版社，2012.6（2022.10重印）
（和谐校园文化建设读本）
ISBN 978 - 7 - 5383 - 8819 - 0

Ⅰ．①中… Ⅱ．①王… Ⅲ．①中小学生 — 家庭关系
Ⅳ．①G635.5

中国版本图书馆 CIP 数据核字（2012）第 116257 号

中小学生怎样与父母沟通
ZHONG-XIAOXUESHENG ZENYANG YU FUMU GOUTONG　　　　王　颖　编著

策划编辑	刘　军　　潘宏竹			
责任编辑	张　瑜		**装帧设计**	王洪义

出版　吉林出版集团股份有限公司（长春市福祉大路5788号　邮编 130118）
　　　　吉林教育出版社（长春市同志街1991号　邮编 130021）
发行　吉林教育出版社
印刷　北京一鑫印务有限责任公司

开本	710 毫米×1000 毫米　1/16	**印张**　11	**字数**　140千字	
版次	2012 年 6 月第 1 版　　**印次**　2022 年 10月第 2 次印刷			
书号	ISBN 978 - 7 - 5383 - 8819 - 0			
定价	39.80 元			

编　委　会

主　　编：王世斌

执行主编：王保华

编委会成员：尹英俊　尹曾花　付晓霞

　　　　　　刘　军　刘桂琴　刘　静

　　　　　　张　瑜　庞　博　姜　磊

　　　　　　潘宏竹

　　　　　　（按姓氏笔画排序）

总 序

千秋基业，教育为本；源浚流畅，本固枝荣。

什么是校园文化？所谓"文化"是人类所创造的精神财富的总和，如文学、艺术、教育、科学等。而"校园文化"是人类所创造的一切精神财富在校园中的集中体现。"和谐校园文化建设"，贵在和谐，重在建设。

建设和谐的校园文化，就是要改变僵化死板的教学模式，要引导学生走出教室，走进自然，了解社会，感悟人生，逐步读懂人生、自然、社会这三本大书。

深化教育改革，加快教育发展，构建和谐校园文化，"路漫漫其修远兮"，奋斗正未有穷期。和谐校园文化建设的研究课题重大，意义重要，内涵丰富，是教育工作的一个永恒主题。和谐校园文化建设的实施方向正确，重点突出，是教育思想的根本转变和教育运行机制的全面更新。

我们出版的这套《和谐校园文化建设读本》，既有理论上的阐释，又有实践中的总结；既有学科领域的有益探索，又有教学管理方面的经验提炼；既有声情并茂的童年感悟；又有惟妙惟肖的机智幽默；既有古代哲人的至理名言，又有现代大师的谆谆教诲；既有自然科学各个领域的有趣知识；又有社会科学各个方面的启迪与感悟。笔触所及，涵盖了家庭教育、学校教育和社会教育的各个侧面以及教育教学工作的各个环节，全书立意深邃，观念新异，内容翔实，切合实际。

我们深信：广大中小学师生经过不平凡的奋斗历程，必将沐浴着时代的春风，吸吮着改革的甘露，认真地总结过去，正确地审视现在，科学地规划未来，以崭新的姿态向和谐校园文化建设的更高目标迈进。

让和谐校园文化之花灿然怒放！

本书编委会

目 录

第一章 做一个"听话"的孩子

"不听话"的孩子往往有着较强的自我意识,而自我意识的健康发展正是人完成社会化的必经之路。有着自己独立的想法,又有稳定的情绪,是比较理想的听话状态。那么,在父母的眼里,你是一个"听话"的孩子吗?

明 镜 台

【案例一】

东东是刚刚上小学一年级的小学生。以前在父母眼里,他一直是一个快乐、随和、讨人喜欢的可爱宝宝。可是最近一段时间以来,他总爱发脾气,仿佛任何事都要满足他的愿望,不然就发脾气、吵闹!一次洗好澡后,他仍然坐在浴盆里玩水,妈妈考虑到天气已转凉要把他抱起来穿衣服,可东东还未尽兴,试了几次后还不肯起来。于是妈妈硬抱起他,没想到"风暴"来了:他歇斯底里地闹了半个多小时,哭得全身是汗,挣扎中几次差一点儿碰伤了头,还惊动了邻居。最后妈妈给了他一只平时最喜欢的小汽车才止住了哭闹,渐渐入睡。对了,东东还有一个新的习惯,不管大人说什么话,也不管知道不知道是干什么,总是爱加个"不"字,比如让他吃饭,他就说不吃饭。有一天,妈妈跟爸爸说:"现在有许多亲子游戏班,要不也给东东报一个吧。"爸爸还没来得及发表意见,正在旁边写作业的东东大吼了一声:"不!"吓了妈妈一大跳。妈妈想不通:"我们家孩子小时候挺乖的,怎么现在老和大人对着干呢?甭管你让他干什么事,他说的第一个字就是'不'。"

【案例二】

一天，老师收到小明的谈心日记，上面写着："老师，我认为妈妈是世界上最讨厌的人，我不喜欢她、恨她。真希望她不要在我面前出现。"看了他的谈心日记，老师很震惊，小明的妈妈其实是一位非常慈祥的母亲，为什么小明会讨厌她、恨她呢？

下课后，老师找小明谈了一次。原来小明的妈妈每天总是不停地叮嘱他应该做作业了，应该吃饭了，应该睡觉了，不应该吃零食，不应该到外面去，应该干这，不应该干那……整天不停地重复这些话，唠唠叨叨。妈妈为让小明早点儿睡觉，催他睡觉就催了十几次。小明对于妈妈啰唆的表现特反感，她越是叮嘱，小明就越不听，恶性循环。就因为这些，小明和妈妈的关系越来越差。

【案例三】

强强进入初中一年级了，总觉得妈妈太唠叨，每天反复叮咛做作业、看书……就这几句话要讲上半天，觉得烦人不想听。爸爸又不通情理，每次考试不进行具体指导，但要求考到前五名，达不到指标就给脸色看，轻则骂，重则打。强强考试多次失败，也不以为然，反正骂过打过，一切照旧。于是你讲你的，我做我的，自行其是，弄得父母很生气。

智慧树

有一项关于中美日三国的联合调查，得出了一个令人心寒的结论——中国的孩子最看不上自己的父母。为什么父母把自己的一切都献给了孩子，却得不到应有的回报呢？

中国已经迈入了信息社会的大门，孩子们汲取知识的渠道不再仅仅局限于学校和父母的言传身教，在各种新的习俗观念、外域文化的冲击下，知识的来源渠道不断拓宽，特别是互联网的兴起，使现在的孩子在观念、知识等方面比他们的父辈要占优势，现在的父母正在丧失着他们过去在孩子面前拥有的天然权威,一贯以老子自居而教训小子的模式正在转变之中。当我们的家长还在梦想着"不论自己说什么,孩子都应该听"时,孩子早在一旁撇起嘴:"凭什么让我听你的,就因为你是爸爸(妈妈)吗?"

随着儿童年龄的增长,心理渐趋成熟,产生了"独立感"和"成人感"。孩子会力求摆脱对成人的依赖,但由于他们的年龄还相对较小,再加上父母的特殊地位,使得孩子不可能完全脱离父母的约束,于是在父母和孩子之间会经常发生一些冲突。对于父母而言,会觉得孩子还小,出现冲突是孩子太不听话,所以父母还得"事事操心"。而孩子对父母的"严加干涉"起初是反感,当孩子意识到他们还无法摆脱父母的约束的时候,就可能会采取逃避的态度,我行我素,对父母不切实际的要求不加理睬。像上述案例中的东东、小明和强强就属于这种情况。

代沟是由子女在走向世界的过程中,背弃父母原有的观点,有了新的见解而造成的。代沟通常产生于青春期,环境的影响使当代青少年很少站在别人的立场考虑问题。认为父母思想陈旧,跟不上时代的步伐,所以,代沟的主要责任在子女。

一是没有任何一个父母愿意和子女产生代沟。子女从小不为生计担忧,很少体味人间疾苦,时间长了导致自我中心倾向。而父母一直含辛茹苦、受苦受累却不被子女所理解。这种痛苦的心情,又有谁能体会?尽管父母在主客观上都有消除代沟的意愿,可同学们扪心自问,我们有几个人真正给了父母机会呢?

二是父母在一个人的成长过程中会有一定的影响,然而正所谓外因无法决定内因,根本问题还是在子女身上。子女受到社会上各种各样思想的影响,思想又不成熟,很难正确地把握自己,而又对父母的话又不以为然,这是导致代沟产生的最主要的原因。

所以,代沟的主要责任在子女,正是由于代沟随年龄的增长有不确定性,要父母来适应和消除它很不恰当。

同学们,我们常说与时俱进,其实真正做到这句话的不仅有我们,还有我们的父母啊!只是他们在接受新观点之前总是要经过一番仔细的筛选,可这并没有错啊!

同学们,请了解父母,体谅父母。消除代沟,给彼此一个机会!因为亲情才是人类最原始的特性。

一是没听过古代或近代有代沟一说。"代沟"一词,是一个产生于当代社会的新词语。代沟产生于思想观念、生活习惯急剧变革的当代社会。当代社会每隔十年、二十年思想观念、生活方式就有显著的不同。所以不适用千年不变的古代。

二是代沟的产生是由于父母一代与子女一代人不同的知识构成使他们的思想不同,但父母和我们处于同一时代,这个社会的主力军还是我的父辈,因此可以说我们的自以为是,使我们认为父母对新事物了解太少,用我们不成熟的观点来评价父母,这公平吗?

三是代沟产生于青春期,在这个个性化的年龄阶段,子女容易受到社会的一些影响,比如说当今社会那些新新人类,产生以自我为中心的子女们,不愿了解父母,逐渐与父母产生隔阂。

四是所谓熟悉的地方没有风景,子女不断变化,对于父母一成不变的爱产生一种逆反心理,难道爱也会有错吗?

五是代沟随着子女的成长有不确定性,父母难以把握。子女更清楚自己的变化,因此,子女更应该去消除或缓解与父母之间形成的代沟。代沟的产生主要缘于子女,代沟的消除主要靠子女的努力,因此,代沟的主要责任在于子女便不可置疑。

代沟始终存在于我们的生活之中,子女们应该努力去填平这条沟,而不要让父母血汗白白流入沟中而未见其效。代沟是怎样产生的呢?

一是青少年身心状态的剧变。剧变促使我们发现自我,追求独立,对童年的观念进行颠覆,对事业、友谊、爱情和人生价值开始选择和追求。而现在的独生子女家庭,父母在知识和经验上的缺乏,使得他们对子女的变化准备不足，只能按照以前的方式应对。青少年只有让父母明确这种突变，才能带来他们观念意识上的相应变化，才能消除误解和隔膜。

二是时代的烙印。出生于五六十年代的父母对今天世界大融合的观念需要一个渐进地认识、理解、接受的过程。家庭中，思想文化更新最快的当然是子女，所以，引导父母接近、认识、理解和接受时代的任务，责无旁贷需要子女来承担。

三是时代迅猛发展给父母带来的紧张、疲惫、焦躁的情绪态度。紧张、疲惫和焦躁的情绪态度是子女反感父母、形成代沟的重要原因。不要让父母在恶劣情绪下做决定，帮助父母消除恶劣情绪，本身是子女的义务。

四是子女的浮躁、赌气和自以为是。见多识广的父母当然不高兴了，而代沟解决的途径在于双方。父母应该努力学习文化知识，预先了解子女的特点并努力把握时代特点和时代观念，不断学习进步；同时调整好身心状态，争取以乐观开朗和信任的面貌对待子女；子女要体谅、关心父母，采用合适的办法引导父母了解自己，了解时代观念；同时，对自己的年轻和肤浅需要有清醒深刻的认识。但是，父母首要责任是养家；而子女的社会任务是学习。所以，家庭代沟，责任主要在于子女。子女也可以选择写信等方式沟通。也就是说，子女需要在了解父母、关心父母上努力。家庭代沟责任重在子女。解决代沟，子女需要体谅关心父母，寻找合适方式引导父母学习和了解。

代沟往往导致两代人在某些问题上产生分歧。孩子对父母的思想观念、管教方法、严格要求常常产生反感，即产生逆反心理。这是孩子处于青春期的正常的心理表现。中小学生与父母进行沟通，其实是辨明是非、寻求最佳结果的过程。有效沟通要掌握基本要领，其中，彼此了解是前提，尊重理解是关键。理解父母的有效方法是换位思考，沟通的结果要求同存异。父母是爱孩子的，只要孩子同样以爱的方式对待父母，沟通的障碍就会大大减少。

对于孩子来说，在与父母交往时要注意认真聆听。说话是学问，听话也有艺术。与父母交谈，要先倾听再倾诉。尤其在接受批评时，有错就承认，有理委婉地说。在倾听中体会父母的心情、期望和用意。

由于我们小学生的年龄小，经验少，有时考虑问题不太周全，所以要听从父母正确的教导。听父母的教导，可以使我们避免危险，少受损失，利于我们的进步，所以，平时我们要认真听从父母的意见，虚心听取父母的建议，耐心倾听父母的劝告。

情景分析

情景描述：中小学生在青春期出现逆反心理，不愿听从父母的安排，一味地想过自由自在的生活。那么，什么是逆反心理呢？逆反心理的特点和表现又是怎样呢？下面就让我们一起探讨研究吧！

所谓逆反心理，是指客体环境和主体需要不相符合时产生的一种抗拒心理活动。逆反心理是同人类的出现结伴而来的，但它的出现存在着明显的年龄特征，在当代中学生中表现尤为突出。如何正确认识和对待当代中学生中存在的逆反心理已经成为社会人士普遍关心的问题。针对这一问题，现就逆反心理做一些简单的剖析，以求获得比较正确的认识，找到正确的对待方法，达到消除和矫正逆反心理的目的。

逆反心理同其他社会心理现象一样，主要具有如下几个特点：

1.从产生看，自觉性与盲目性相伴生。社会存在决定社会意识，社会意识是社会存在在人脑中的反映。逆反心理属于社会意识，是社会存在的直接反映，它也必然会随着社会存在而相应地发生变化，突出表现在特定的环境和条件下，为了表现自我意志、追求独立的心理行为倾向；但年轻人容易感情冲动，不经缜密思考而盲动，往往不是由理智而是由感情来支配行动，不大考虑后果。

2.从表现看，偏激性与抵触性相交织。逆反心理的产生是以一定的认识为基础的,思想方法上的片面性导致情感上的偏激性;从总体上说,逆反心理带有感性经验性质,感情色彩较浓,具有强烈的抵触情绪。

3.从作用看,独立性和批判性相结合。逆反心理是一种特殊的反对态度,是自我意识要求独立的强烈表现,是对刺激的客体意向直接的否定,具有鲜明的批判特点。

4.从性质上看,可变性与两重性相统一。逆反心理没有固定的模式,年轻人具有逆反心理,但并不是时时处处都逆反,随着环境、条件的变化和教育的作用,逆反可以发生逆转;逆反可以是对一些消极现象的逆反,这是人脑对客观事物的正确反映,它所反映的情绪和意向就是正确的,应该肯定。逆反也可能是对新生事物、正确意见的逆反,它所反映的情绪和意向是对客观事物歪曲的反映,是错误的,应该否定。这两种逆反倾向在一定条件下处理得当或不当是可以相互转化的。

逆反心理标志着在中学生自我意识真正形成的过程中,一系列观念交错、冲突矛盾斗争的开始,是中学生开始系统形成自己独立的人生观价值观的重要阶段。如果这一阶段的问题处理不好,会对整个人生观价值观的形成带来巨大的不良影响。从短期的影响看,逆反心理没得到及时妥善的处理,轻则对老师和家长的肺腑之言置之不理,荒废了宝贵的学习时间,失去了升入更高级别学校深造的机会;重则学生被推到社会的另一面,对非法犯罪行为产生认同,对学生的一生带来不可挽回的影响。

一般孩子都不喜欢按照别人说的去做,认为绝大多数规章都是不合理的,应该废除,如果父母再三叮嘱同一件事会使他感到厌烦。对于那些与老师对着干的同学大加赞赏,认为大人的话有漏洞,大人的批评常常引起他们反感和愤怒。一旦决定做某件事,不管别人怎样劝阻也不会改变主意,情绪起伏不定,脾气暴躁、拖延,不想和父母沟通,等等。越是不让他做的事,就越要去做。你叫他往东,他一定往西,就是存心不让大人顺心,也不让自己听从大人的,觉得自己很有主见。

青少年历来都受到心理学家、教育学家及家长的特殊关注。从十二三岁到十七八岁,是儿童生理上基本成熟,认识和情感有了飞速的发展,理想、信念、世界观开始形成的重要时期。在这个阶段,由于生理成熟与心理成熟的不平衡性,受自我意识觉醒等因素的影响,青少年心理发展呈现错综复杂、矛盾重重的局面,逆反心理的表现十分突出。

一是对正面宣传作反面思考。

有相当数量的青少年对学校、领导、教师的宣传,表现出一种不认同、不信任的反向思考。他们往往以社会上某些个别的不公正的事实来以偏概全地全盘否定正面宣传。同样,也有一些青少年不能从全局出发,也不能从一定高度上去把握现实,而是片面地夸大社会主义制度的某些不完善和资本主义制度的某些可取之处,有时甚至进行有意无意的反面宣传。

二是对榜样及先进人物的无端否定。

在教育过程中,许多教育者和家长都希望通过先进人物的感人事迹来教育感染青少年,唤起他们的热情,以期达到激励后进的目的。但结果却往往适得其反。一些先进人物被说成是沽名钓誉的"投机家"或"傻子",无端怀疑这些先进人物的动机,进而否定他们的先进事迹。对于身边的榜样,则冠以"拍马屁"给予排斥和嘲笑。

三是对不良倾向产生情感认同。

在一些青少年当中,打架斗殴被看作是有胆量;与老师、家长公开对抗被视为有本事;哥们儿义气等不良的行为倾向却赢得了很多人的认同。而对于乐于助人、爱护集体、爱护公物、遵守校规校纪的青少年则被肆意讽刺、挖苦,造成在集体氛围里好人好事无人夸,不良倾向有市场,正不压邪的局面。

四是对思想教育、遵章守纪要求的消极抵抗。

有逆反心理的青少年,对于思想政治教育十分冷淡,认为思想政治教育大而空、形式化,不符合青少年的现实生活。因此,对思想政治教育采取应付、抵制、消极对抗的态度。

具体列举如下：

1.认为绝大多数规章制度是不合理的,应该废除;

2.如果父母再三叮嘱同一件事就会感到厌烦;

3.佩服与老师对着干的同学;

4.认为父母、老师的话很多都有漏洞;

5.喜欢与众不同,爱做令人大吃一惊的事情,喜欢引起其他同学的注意;

6.违反某些规定的时候会感到一种快乐;

7.对别人的批评常常反感和愤怒;

8.认为父母和老师不应该为一些事小题大做,大惊小怪;

9.认为冒险是一种极大的快乐;

10.一旦决定做某件事,不管别人怎样阻止也不会改变主意;

11.会对课堂上出现一些老师没有意料到的情况而感到开心;

12.对伤害自己自尊的人,想要给他添些麻烦,让他感到自己是不好惹的;

13.越是禁止的东西,越要想办法得到。

那么,当孩子自己产生了强烈的"逆反心理"时,应该怎样努力消除极端的逆反心理呢?

首先,要学着从积极的意义上去理解别人。父母的啰唆、老师的批语都是善意的。老师、父母也是人,也有正常的喜怒哀乐,也会犯错误,也会误解人。只要抱着宽容的态度去理解他们,也就不会只顾自己的感受,动不动就"逆反"了。

其次,把握自我,经常提醒自己,要虚心接受老师、父母的教育,遇事要尽力克制自己。要知道"退一步海阔天空"的道理。另外,还要主动与他们接触,向他们请教,这样多了一分沟通,也就多了一分理解。

最后,要学会适应,提高心理上的积极适应能力。如多参加课外活动,在活动中发展兴趣,展现自我价值。这样,"逆反心理"也就随之克服了。

任何事情都是有利也有弊的,虽然"逆反心理"可能会对青少年的身心健康产生很多负面影响,但也应该看到,它本身不可忽视的积极因素:

1.思维的批判性

十二三岁的青少年处在生理发育的高峰期,这一阶段也是心理发展的剧变时期。

这个时期是由青少年向成人过渡的心理"断乳期",他们不再像儿时那样依恋父母,也不再像小学生那样,把老师看作是"至高无上"的"权威"。这样的心理素质,如果能悉心保护,正确引导,有利于人的独立创造性的发展。

2.好胜心

中学生产生的"逆反心理",应该说是他们心理上的"突破"。

当他们心理上一进入"突破"阶段,表现出来的就不再是过去的听话、顺从,而是勇敢和冒险。现代社会充满着竞争,从小培养好胜、敢闯的心理品质,有利于形成开拓、进取的个性。

3.求异思维

"逆反心理"有时就是针对传统思想的束缚而产生的。传统观念认为是这样的,而具有"逆反心理"的中学生偏偏认为是那样的。虽然有时可能"钻牛角尖"或失之偏颇,但更多的时候,却是学生求异思维的表现,他们在试图独辟蹊径,从其他角度来观察和分析问题。

4.情绪调节

中学生处于发育的过渡时期,其中枢神经系统活动的基本过程,一般是兴奋过程强于抑制过程。有"逆反心理"的学生,是不会让情绪长期滞留在心中的,发泄后情绪会得到调节,实际效果是良好的。

为了防止消极的"逆反心理",青少年自身要尽可能避免极端抵触情绪的产生,同时,也要在了解心理发展规律的基础上,积极引导和利用自己的这种心理特点,使其朝着富有建设性的健康方向发展。

作为中小学生,慢慢从幼稚走向成熟,成长让我们一次次站在人生的道路上面临着不同的选择,在这个过程中,由于年龄原因,我们的心智还不足以独当一面,必须在父母的指引下,我们才能少走些弯路,更快地到达成功的彼岸。在我们与父母沟通时,一定要认真聆听他们说话,知道他们的想法,同时我们也会感到父母对我们的重视与尊重,这样我们小小的自尊心就会被树立起来。我们也会在与大人的谈话中,认真思考自己想的和做的,表达自己的意见,这对我们形成理性思维习惯也有良好的帮助。当然,大人在和孩子交流的时候,也应该注意一些细节,这样才能比较快速地和孩子进行良好的沟通。孩子们,让我们取缔与父母之间的代沟,调整好自身的心态,做一个"听话"的好孩子吧!或许,在我们与父母合理地沟通后,便会觉得做一个"听话"的孩子是如此的简单,只要你愿意!

回音壁

作为我们青少年,你认为自己是一个"听话"的孩子吗?那么作为家长您又要培养出怎样的孩子呢?下面罗列出几种不同类型的孩子,请大家各抒己见,一起来自由讨论吧!

1.培养理智讲理的孩子。

中国人总是把"听话"当作一个孩子的优点,但是不要只希望孩子是听话的孩子,而要他们成为讲理的孩子。对于"规矩"的定律有四个:

(1)定好规矩,但是首先把规矩的道理讲清楚,不是盲目地服从;(2)在规矩内孩子有完全的自由;(3)违背了规矩孩子将受到已知的惩罚;(4)规矩越少越好,才能起到启发的作用。

2.培养成功学习的孩子。

在今天这个应试的学习环境里,我们很难对课业成绩不在乎。但是,孩子在这个环境里的压力很大,作为家长要尽量体谅他们。不要对孩子希望太高,更不要把自己没有实现的理想一定要在孩子身上实现。太高的、不合理的期望都只会给孩子施加太大的压力和对不起父母的罪恶感。不要把成绩看得太重,打好基础和真的做到理解远远比成绩重要。

作为家长尽量让自己的期望合理化。如果看到不合理的或不可能的目标,孩子可能会放弃它们。尽量把自己对孩子的要求转成对孩子的建议。尽量不要把孩子和别人比。

鼓励孩子为了学习而学习,不只是为了分数。鼓励孩子自己动手,而不是只要考试成绩好就可以了,要鼓励他马上用到学过的知识,让他知道学这些知识对生活是有用的,而不是为了考高分才学。最重要的是要启发孩子主动地对自己的学习负责。

3.培养自主独立的孩子。

在中国,父母对孩子的关爱特别深,生怕孩子受一点伤害。所以他们对孩子更多的是保护,放不开手脚。这样导致了孩子有很大的依赖性。也有些父母会帮助孩子设计人生规划,但是这通常会使很多人忽视了自己真正的兴趣和选择的能力。

但是,21世纪将是"自主选择"的世纪。在这个世纪里,人将拥有更多的选择,他们必须积极地管理自己。进入了社会后,孩子必须自己决定自己的行业,自己的老师,自己的老板,自己的公司……每一天面临的都是选择。一个孩子如果长大了还是只会背诵知识,听话被动,等着别人帮他做决定或做事情,那他进入社会就算不被欺负,也不会被重视。

如何培养独立自主选择的能力呢?下面是提出的几点建议:

1.要让孩子养成"自己想办法"的习惯;

2.要把选择权给孩子,让孩子成为自己的主人;

3.要培养孩子的责任心,多指导,少批评;

4.要培养孩子的好奇心,不要什么都教他们,让他自己去试,失败也没关系;

5.要信任孩子,信任比惩罚更能够激起责任心;

6.不要用太多规矩限制孩子的自由,要让自己的孩子去做自己喜欢做的事;

诸多孩子的类型和教育方式各不相同,殊不知自己是属于哪个类型,需要慢慢随着自己的成长来悟出其中的道理,与此同时,还需要父母的关照来辅佐。是不是要做一个听话的孩子？怎样做一个听话的孩子？生活中,"听话"的标准是什么？孩子们,慢慢体味自己成长瞬间所带来的无限绚丽的同时,也要深深感悟父母疼惜子女的心思。

第二章 解读"成长的烦恼"

成长的步伐到来了,成长的烦恼也紧随而来。成长过程中总会遇到大大小小的事,这样我们的体会多了,感触多了,懂得也多了,人才会慢慢成熟,也许等到了一定的时候你会觉得那时候的那些烦恼是些美好的回忆,生活就是一些琐碎的事堆积起来的噢!

明 镜 台

【案例一】

童年像一部部电影一样回放在眼前,晨晨有着许许多多的烦恼与快乐。晨晨的烦恼来自他的粗心大意,以及妈妈的严厉。而晨晨的快乐呢,则来自于经过自己努力奋斗后的成绩。

还记得,有一次,晨晨忘了带语文课本,老师发现后,气得把两只眼睛瞪得大大的,脸色一下子就变青了。同学们也都向这边看来,那时,晨晨恨不得马上找个地缝儿钻儿进去。咸咸的泪水,静静地落了下来。

还有的烦恼来自于妈妈的严格。本来作业就堆得像小山,写完后已经九点多了。可妈妈还要晨晨练钢琴。他只好拖着疲惫的身子,开始练习。苦闷一下子涌上了心头。

【案例二】

下面是节选××小学三年级陈浩同学名为《成长的烦恼》作文的片段:

唉,这小山一样的作业,什么时候能写完呀!此时的我,真是又累又困,多想离开作业的海洋,多想躺在床上,舒舒服服地睡觉啊!可是要是写不完,妈妈就会教育我,也过不了老师这一关啊?!没关系,我一定会写完的！当我疲惫不堪的时候，也终于完成了所有的作业，一觉就睡到了大天亮，早上真是不愿意起床啊！唉，这样的日子什么时候才是个头啊，我才小学三年级。现在，我感觉当大人真的幸福。每天都能看电视、玩电脑……可我就不行了，一切以学习为最重要。我十分渴望时间老人把我带到大人的那个时候，多自由！我不知道妈妈小时候是不是也和我一样，每天都被功课压得喘不过气来，是不是也和我一样过着这样难熬的日子？

【案例三】

成长道路中，充满了阳光，但"阳光"中也蕴藏着一些烦恼。

"你这孩子，我是在关心你！""什么，你说不需要我关心，我不关心你，谁关心你啊……""你给我站住，现在怎么那么没礼貌，还说我烦……"

一大早，就从卧室说到厕所，再从厕所说到卧室，一个字"烦"！

"天哪！我老妈什么时候才能不再唠叨啊！真希望早点儿长大，脱离苦海。"俊俊无奈地说。

妈妈是不理解俊俊的，整天说这说那的，没完没了。只会说一些每天都能听到 N 遍的无聊话题。有时，俊俊会想：外面的世界真美丽，什么时候才能飞出笼子飞向蓝天。看见一两只小鸟飞过，俊俊总是向它们投向美慕的目光。

智慧树

上述三个案例，让我们试着来分析解读：

案例一中的晨晨在生活和学习中慢慢地感觉"烦恼"扑面而来，即便有许多的不如意，但是这却是成长的必经之路。身为学生，本身的职责是学习，从幼稚园到小学到初中直至走上社会，会遇到很多困难，也是所谓自己的"烦恼"。那么在案例中晨晨的眼里发现了"烦恼"之所在，他的粗心大意偶尔阻碍了自己的生活进展，使晨晨十分懊恼。而在学习方面，晨晨的烦恼则来自于其母亲的严格。晨晨母亲的严格是晨晨无法理解的,在晨晨的心里会有抱怨的情绪,这样长久下去,也不利于晨晨与妈妈之间的沟通。

案例二中节选的是一名三年级小学生陈浩的作文片段。在作文中,陈浩觉得自己在成长过程中是如此的困惑,却为的是妈妈的唠叨、作业的繁多、拒绝电视和电脑的借口……在陈浩的心里觉得如果他现在成为了大人,他现在所有的"烦恼"就会消失了,面对成长中的烦恼,陈浩选择了逃避式畅想。他并没有意识到,自己还是个孩子,不足以面对太多事物,人在成长的阶段都会遇到这样或是那样的烦恼,只是视时段的不同,人们会面临不同的选择。当人们面对一个烦恼,费尽心思去解决之后,还是会有另外一个烦恼,这与是否成为大人是没有直接关系的。

案例三中俊俊是个叛逆的孩子,他遇到的烦恼是父母不停地唠叨和关注。在他的心里,多半是渴望自由的,或许多些空间是俊俊成长中最想索取的,那么他认为在她父母的眼下自己是多么难得到"自由"啊！俊俊只是看到眼前的一切,殊不知父母的一片良苦用心。父母的唠叨是子女的福分,子女在成长的过程中,能力不足以独当一面,需得到父母的一臂之力。那么,俊俊是否敢断言,没有了父母的唠叨和嘱咐,在他的成长过程中就没有了"烦恼"?！

不知从何时起,成长的烦恼组合了起来,对于有着许多牢骚要发泄的我们来说,这个关于成长的问题好亲切。辛弃疾曾经说:"少年不识愁滋味。"随着历史的不断发展,把越来越多的烦恼,统统留给了我们。

每个人在青春期的心理发展历程中,都要经历这样一段"成长的烦恼"——"自我觉醒"的烦恼。也就是说,当一个人步入青春期后,随着抽象逻辑思维、独立意识和自我意识的发展,往往不仅对周围事物开始形成自己批判性的见解,而且随着成熟的进程,已开始把自己当成被观察的对象,开始了自我审视和评价,希望自己有"自知之明"。但是,他们由于此时的认知发展水平和自我认识能力还不够完善,所以对很多事物和现象还不能进行全面正确的认识和评价,特别是不能正确对待"理想自我"和"现实自我"之间的差距。这样,"自我觉醒"带给青春期少男少女的常常不是"成长的惊喜",而往往是无尽的烦恼和苦闷,严重的还可能引发孤独、抑郁等消极情绪。

那么,怎样对待这种成长的烦恼,怎样减少"自我觉醒"中的痛苦和挫折感呢?

认清缘由,消除紧张:要清醒地认识到自己正处于"自我意识"和"独立意识"的觉醒和发展时期,开始对自己和身边的事物有了不同以往的思考,因而感到一切都不像从前了。由于认识上的变化,自己心情的天空不再万里无云,而是时时落起小雨;由于心情上的变化,自己行为的方式也不再活泼开朗,而是常常心事重重。所以,越来越看不懂自己了。其实,这是一种长大了的感觉,是一个发展中的问题,完全没有必要因此而困惑、紧张,应该用一颗长大了的心,实实在在地感受自己身边变化了的一切,勇敢地体味成长的喜悦与烦恼。

以人为镜,多作交往:有些中学生面对自我认识的困惑时,往往会出现一个心理怪圈,即越是"看不懂自己",越是要一个人苦苦地思索。而越是把自己关在个人的小天地里,越是对自己感到困惑、彷徨。为了更好地认识自己,应该走出自己有限的精神世界,多与他人交往。他人是我们认识自己的一面镜子,一个人对自我的全面认识有赖于他人对自己的认识和评价,尽管自我分析也是必要的,单凭自己的力量难免会有失偏颇或缺乏理智。因此,当感到"看不懂自己"的时候,应该多和同学、朋友交往,相信处于同一年龄阶段的人会有许多共同的感触和语言,彼此可以"取长补短"、"互通有无"。即使不一定能在他们之中找到答案,但心情会因此轻松许多,因为有人分担了你的烦恼和痛苦。

理解父母,接受指导:谈到与人交往,还要提到多与父母交往。这对有"自我觉醒"烦恼的中学生尤其具有显著意义。因为,他们中的许多人,由于青春期心理和生理的变化,往往会对父母产生逆反的心态,把父母出于关心爱护的指点、开导视为"唠叨"、"过时"。在这种心理影响下,他们与父母交往自然会矛盾百出,甚至与父母的关系紧张、疏远。其实,尽管他们认为自己已经长大,要自己拿主意,但实际上还处于长大的过程之中,还有很多不成熟的地方,还有许多需要父母指点和帮助的问题。尽管他们可能觉得父母的意见"过时"了,但这些看起来"过时"的东西往往包含着可贵的人生经验,对下一代的健康成长有借鉴和指导作用。当然,有些孩子心里也明白父母的意见是中肯的,但出于要求"独立"的心理,表面故意拒绝父母的指导。这实在是没有必要,我们应该懂得一个明智的人,是不会拒绝任何有意义的帮助的。总之,对于青春期的中学生来说,当你因成长中的问题而烦恼时,多与父母相互沟通,细细品味他们的意见,将有助于你健康成长。

亲子沟通是指在家庭中父母与子女双方主体在亲缘关系的基础上,在共同创造的独特家庭情境中,基于各自的角色定位和不同的态度、需要,通过各种言语和非言语的形式而交流信息、观点、意见、情感和态度,以达到共同的了解、信任与互相合作的过程。

我国正处于社会转型时期,中小学生面临急剧的社会时代变化,产生心理困惑和矛盾的机率不断升高,通过社区、学校、家庭对中小学生的教育引导势在必行,其中家庭尤其是父母对中小学生心理发展有重要影响。父母对子女的影响往往是以亲子沟通为途径实现的,亲子沟通又是家庭环境中给中小学生心理发展提供指导和帮助的有效方式。因此,研究亲子沟通对中小学生健康成长有重要意义,同时也能推动和谐家庭的建设,促进和谐社会的发展。

那么,多数父母与子女在亲子沟通中主要存在以下几个方面的问题:

1.母亲与子女的沟通状况优于父亲。

从亲子沟通中学生的倾向程度来看,根据一次对某市中学亲子关系的调查中得知,在受访的 231 名学生中,倾向于与父亲交流的学生 93 名,占总数的 40.3%;倾向于与母亲交流的学生 138 名,占总数的 59.7%。由此可见,子女更加愿意与母亲进行交流。

2.女孩与父母的沟通状况优于男孩。

从亲子沟通中男孩与女孩在与父母交流的数量比例来看,在受访的231名学生中,107名女孩中善于与父母交流的占总数的46.3%;124名男孩中善于与父母交流的占总数的53.7%。由此可见,相对于男孩,女孩与父母间的沟通状况更好。

3.随着年纪的增长,学生与父母之间的沟通效果有所提升。

学生问卷中支持随着学生年纪的增长,与父母之间的沟通效果有所提升的子女人数,在父亲表中为58人,占总人数93人的62.4%;母亲表中为84人,占总人数138人的60.9%。在一定程度上反映出亲子沟通的效果是随着青少年不同时期的成长而有所改善的。

如何解除学生成长中的烦恼呢?

一、消除代沟

随着年龄的增长,家长和孩子之间慢慢就会出现代沟。代沟是指父母与子女间心理上的差异和距离,以及由此引起的隔阂、猜疑、苦闷、对抗等。代沟具有两重心理意义,一方面意味着孩子自我意识的发展,心理趋向成熟,具有积极的社会化倾向;另一方面使家庭关系紧张,对父母的良苦用心反感、抵触,会影响两代人的身心健康,甚至导致严重的心理冲突。

家长应该充分了解孩子的心理特点,注重沟通与教育方法。或设法通过心理咨询、心理指导等方式,促进双方心理状态的调试。子女应尊重、体谅父母,理解父母的唠叨与啰唆;父母也应尊重、理解、信任孩子,建立与孩子的平等关系。

二、让孩子善于交往

有的学生,平时学习还行,可一进考场就精神紧张,大汗淋漓,总是考不出好成绩;孩子在家能说会道,可一到课堂上就"哑口无言"。对此,教育专家指出,青少年时期自我意识迅猛增长,成人感与独立感、自尊心与自信心越来越强烈,期望得到社会与他人的尊重。而他们的社会成熟却相对迟缓,会遇到各种挫折与人际关系的矛盾。当个人对客观事物的判断与现实一致时,就形成自我认同,否则就会产生心理冲突,甚至发展为自我拒绝。同时由于种种原因,部分孩子不能很好地与社会进行交往,甚至形成社交障碍而感到苦闷、自卑等。

要教育孩子正确认识自己,了解自己的长处与不足,这是自我评价的前提;学会辩证思维,对现实用客观标准去衡量,这是自我肯定的必要步骤。帮助孩子树立适当的奋斗目标,避免不必要的心理挫折和失败感的产生,并学会应付挫折。让孩子了解交往的重要性,并增加途径,提供社会交往的机会。

情景分析

情景描述 1:女孩把父母对自己的说教如此厌恶,貌似无论父母怎样的嘱托在女孩的心中都是无用的,女孩将父母的话置之度外。在生活中,父母的话却成了女孩在成长中所遇到的烦恼,任父母怎样的用心良苦,可女孩依然忘记了对父母应有的尊重和理解。

情景描述 2:男孩自认为自己已经是"大人",些许小事不应该还受父母的限制和管制。实际上,很多孩子在成长中遇到的"烦恼"都是对大人过多的不理解,没有正确地面对发生的一切。

作为青少年,在生活和学习中,不断地锻炼自身的独立是正确的成长理念,但是在成长的过程中,是缺少不了父母对其身的照料和叮嘱的,父母的最终目的即是让我们更加茁壮地成长,在可控的范围内使我们少走弯路。但是情景二中的男孩一味地站在自己的角度去思考问题,父母的一片心却被误解为他自身"成长的烦恼"!

进入青春期的我们最讨厌父母啰唆唠叨,就是说对了也不理不睬。那么,我们的这种态度会使父母停止反复的啰唆唠叨吗?要使父母少唠叨,最好的办法是,父母说得对的,就要明确表示同意照办;不正确的意见,要明确表示不同意,并说明理由,让父母明白不正确的意见重复多少遍也需商议。对父母的不放心、反复唠叨的话题,可以耐心跟父母交谈,表示自己的看法,一时看法不一致,要学会忍耐,但在态度上要尊重父母,因为父母的唠叨是对我们的爱。

中学生所遇到的烦恼,不是现在才出现的现象,也许每个人都有过或多或少的经历。所以,当我们的心理出现问题时,首先不要自我判断不正常,因为这是很正常的事情。甚至和我们做错一道数学题一样正常,只不过需要我们找到一些方法解决它而已。总的来说,我们有以下几类烦恼:

一、学习类问题

因学习而产生的心理问题是中学生心理问题的主要部分,其问题有:

1.学生学习的心理压力越来越大,造成精神上的委靡不振。

2.厌学是目前学习活动中比较突出的问题,不仅是学习成绩差的同学不愿意学习,一些成绩较好的同学亦出现厌学情绪。

3.考试焦虑,特别是遇到较为重要的考试时焦虑更为严重。

二、人际关系问题

人际关系问题也是中学生反映较多的问题。其问题有以下几个方面:

1.与教师的关系问题。其主要问题是教师对学生的不理解、不信任而使学生产生的对抗心理,以及教师的认知偏差等情况给学生造成的压抑心理、攻击行为等问题。

2.同学间的关系问题。中学生除希望得到老师的理解与支持外,也希望在班级、同学间有被接纳的归属感,寻求同学、朋友的理解与信任。

3.与父母的关系问题。民主型的和睦良好的家庭给中学生一个温暖的归属港湾,专制式的家庭中父母与其子女之间不能进行正常的沟通,造成儿童孤僻、专横性格。家庭的种种伤痕,会给中学生造成不同程度的心理伤害。

三、青春期心理问题

1.青春期闭锁心理。其主要表现是趋于关闭封锁的外在表现和日益丰富、复杂的内心活动并存于同一个体,可以说封闭心理是青春期心理的一个普遍存在而又特殊的标志。

2.情绪情感激荡,表露而又内隐。青春发育期的生理剧变,必然引起中学生情感上的激荡。这种动荡的情感有时表露有时内隐。

3.早恋。中学生一般尚未成年,我们把中学生这种未成人时的恋爱称为早恋。中学时代,正值青春发育期,而这一时期最突出的矛盾之一是性发育迅速成熟与性心理相对幼稚的矛盾。

四、挫折适应问题

中学生的挫折是多方面的,有学习方面的、人际关系方面的、兴趣和愿望方面的以及自我尊重方面的。最常见的有自尊心受到伤害、嫉妒心作怪等引起的失落、失望甚至绝望。人生不如意事十之八九,所以,放平心态,放宽心境。

谁说"少年不识愁滋味"?人生少年时,就是这样:烦恼太多,迷惘太多。这就是成长的季节。烦恼和迷惘,是我们人生的朋友,理应面对、接纳和善待。谁又愿意以烦恼和迷惘为友呢?可烦恼和迷惘,是人生的一种经历,是成长的一段心路历程。没有烦恼,没有迷惘,人生岂不成了空白?没有烦恼,没有迷惘,在成长的心路历程中谁来相伴?是烦恼和迷惘,伴我们的心灵走向成熟。那么,对这位曾经与我们相伴的朋友,怎能不勇敢地面对?怎能不坦然地接纳?怎能不真诚地善待?怎能不慈爱地拥抱?有了面对,有了接纳,有了善待,才能走过烦恼和迷惘。走过烦恼,走过迷惘,前面就是阳光。

有没有快乐的心情,是青少年能否健康成长的重要标志。作为当代青少年,有着比上一代人更深的心灵苦闷,各方面的压力往往会将自己压得整日透不过气来。烦恼过多,就大大降低了对生活的热情,整个世界也会因此而失去色彩。

在成长的道路上,痛苦与快乐同在,烦恼和困境的出现在所难免。人人都会经历成长这个过程,一个既烦恼又快乐的过程。快乐的人生,也会有烦恼,有的人能直面烦恼,化解烦恼;而有的人却常常夸大烦恼,放大烦恼。不一样的选择,会带来不一样的人生之旅。想要让心灵的戈壁荒滩开满鲜花,就只有直面烦恼,而不是放大烦恼。每个人都会遇到各种各样的烦恼。这些烦恼并不是由于事情本身引起的,而是与我们看待事情的角度、对待问题的态度有关。我们常常只看到事情坏的一面而忽视了好的方面。所以,我们的心情是否快乐,主要取决于我们自己,取决于我们怎样看待问题。快乐就是这么简单!只有放下烦恼的"包袱",沉着应对,冷静处理,积蓄自由的力量为自己设计一个快乐的成长历程,生命之花才会因此而开得更加绚丽多姿,生命的存在才会有更深刻的意义!

多一些积极,多一些乐观,多一些快乐,生活就会多一些美好!

拥有快乐,即使生活给予我们黄连,我们也能在阳光与露水相遇时,用乐观豁达将黄连、阳光、露水勾兑出人世间最为可口的绿色饮料。让生活化弊为利,让苦变甜,让恨生爱,让单调变得丰富,让消极变得乐观。从某种意义上讲,这是一种精神的追求和期待,是一种心境的胜利和收获。在平凡中收获生命丰厚的馈赠,微笑着不断采撷生命之树的硕果。为自己的心灵开一扇窗,让明媚的阳光抚摸自己。以积极乐观的态度去享受生命,方可体味到别人所不曾拥有的亮丽人生。

将一切忧愁郁闷抛诸脑后,让它们自动烟消云散。让自己在潜移默化中心胸逐渐开阔起来,气量豁达,不惧怕压力,做一名快乐的青少年。

发掘成长的快乐,会令你看清许多事情的本质,开始去想明白一些你长大后才能明白的事,开始逐渐摆脱父母的约束,做自己想做而以前又不能做的事。就好比是一只羽翼日益丰满的雄鹰,能够自由地在蔚蓝的天空下翱翔,再也不用去担心地球引力把你束缚在地面上了。将迷雾一层层拨开,让快乐伴随成长的每一天!

回音壁

当孩子有了烦恼时,面对孩子的烦恼,家长大致会有以下几种表现,那么,如果您的孩子遇到以下的烦恼时,您会怎样做呢?

1.第一种家长——指责孩子:以烦恼对烦恼。老师要推荐一位小朋友的画给幼儿园去参展。东东和方方的画画得都很好,结果东东落选了。东东就认为老师不喜欢自己,很是烦恼。晚上回到家,东东就告诉爸爸自己的烦恼。不想爸爸却不耐烦地说:"你怎么能这样想呢?老师这么做就说明你的画画得就没有方方好。你根本没理由生气。"可想而知东东因为爸爸的训斥烦恼就更深了。

2.第二种家长——开导孩子:不以烦恼对烦恼。遇到小东东这样的情况,这类家长会蹲下来,让孩子把心里话说完,认真地倾听,并且会抚摸着孩子的头说:"宝贝,如果妈妈是你的话,妈妈和你一样也会难受的。来,宝贝,坐下来,跟妈妈好好谈谈详细的情况,好吗?"听完以后,这类家长往往会开导孩子:"别把这件事放在心上,我们以后还会有机会。来,宝贝,我们先吃颗巧克力,再谈谈你在幼儿园中遇到的开心的事,好吗?"因为妈妈的理解与安慰,想必东东会很快从烦恼中摆脱出来。

3.第三种家长——引导孩子:把烦恼看成长大的机会。这类家长在第二种家长的基础上,会进一步再引导孩子:"宝贝,让我们好好想一想。你能说出方方的画为什么会被老师选上吗?你说出来,妈妈记下来。然后我们再把她的优点学到手,这样你就会有很大进步,好吗?"在父母耐心的引导之下,孩子同样会重新鼓起勇气。

作为孩子,正值青春期的我们会在成长中遇到很多烦恼,及时发现问题,有助于更快、更好地解决问题。

作为家长,你可以远距离地旁观孩子,你的目光始终注视着他,但你不插手管他,只是在需要的时候给他帮助。

青春期的父母要做一面好镜子,让孩子从中看到真实的自己,认识到自己的优势和不足。

第三章　面对"烦恼"，积极"沟通"

在生活中，与我们联系最紧密的人是谁呢？让我们回忆过去和父母在一起的快乐时光。随着我们年龄的增长，我们和父母之间在进行交流沟通时，不像过去那样和谐了，时不时会和父母闹些不愉快。

作为"一切社会关系的总和"，人与人之间最需要沟通。在一定意义上说，没有沟通就没有人的社会，沟通如同社会的"空气"。无论是在工作中，学习中，与家人、同事、朋友的相处中，沟通都非常的重要。良好的沟通能够带来机遇和好运，更有利于个人的成长。当我们面对成长中的烦恼时，你选择逃避，还是选择沟通呢？

明镜台

【案例一】

小明课余对电脑的兴趣可浓了，打字、上网查资料、制作电脑小报，样样在行。可妈妈一直不同意他的爱好。这天，小明拿着一张单元测验卷回家。妈妈一看成绩，火了："叫你别去参加什么电脑班，现在好了，良都考出来了。"小明一脸委屈，大声辩解道："这次考卷有点难；再说，你怎么知道是打电脑影响的呢？""如果你用打电脑的时间多看看书，难道会考这么差？电脑班别去上了！"小明急了，嚷道："你就知道让我看书，打电脑也可以增长知识，我就去！""你还敢顶嘴？"……母子俩整整三天不说话，后来还是在爸爸的调解下才勉强和好。

【案例二】

有位男生说："在外面比在家舒服多了。"他宁可睡公园的石凳也不想回家面对父母;有位女生半夜三点多偷偷外出;在市场上,父女俩在大庭广众之下吵起来;有位男生嫌父亲妨碍自己打游戏机,竟扭着脾气不愿与父亲说话……

【案例三】

思淼从小学三年级开始就读寄宿制学校,她的父母从小管得不多,对孩子的要求也不是很严格。读初中后,孩子逆反表现强烈,不愿与父母沟通,对父母的态度不好,性格暴躁。现在已是初三,由于总是换班主任,现在的班主任管理又比较严格,思淼不喜欢,便在学校里与老师敌对,有时还会有冲突。她结交的同学学习成绩一般,还喜欢在学校里打抱不平,学习成绩不好……

智慧树

案例一中我们疑惑于为什么小小一张考卷会引发母子俩那么大的矛盾。那么,小明当时是用什么方法来争取自己继续学电脑的权利的?这种沟通有效吗?看来,和妈妈争吵、对着干,并不能解决问题。我们能不能帮小明想想办法,怎样才能让妈妈同意小明继续他的爱好而且双方又不伤感情?

看来,当矛盾产生时,在和爸爸妈妈进行沟通时,如果注意一些方式、方法,可以大事化小,小事化无。当我们和爸爸妈妈发生矛盾时,我们可以这样做:首先,换位思考,及时稳定情绪;其次,自我反思,主动承认错误;最后,说出感受,商量解决问题。

现在,能不能把这个方法用到你们自己的那个事例中,通过改变自己的一些做法来和平解决问题呢?

有些爸爸妈妈脾气不太好,或者当时实在太激动,我们用了这些办法,可他就是听不进去,怎么办?

我们和爸爸妈妈之间产生矛盾已经有方法解决,那么,有没有办法可以让这样的矛盾少产生一些,甚至不产生呢?

那么就是我们需要和父母平日里主动去交流,把自己的想法和父母商讨,听听父母对我们提出的建议和意见是否是合理并使我们欣然接受的,存有不合理的地方,我们需要婉转地去更正,而不是随意爆发自身倔强的脾气。

没有沟通的亲子关系会影响孩子健康成长。亲子沟通不畅的原因有两个方面:一是父母没有沟通的方法。亲子沟通障碍,基本是由于父母说那些听上去是为了孩子好的负面话语造成的。空洞的说教、拿孩子跟别人比较、主观评价孩子、命令限制孩子等,这些都导致孩子不愿与父母沟通。另一方面是正处于青春期孩子的心理闭锁性的表现。孩子自尊心强,思想情感不愿向他人吐露,将自己内心封闭起来,心理丰富了,而露于外的东西却少了。正是这种闭锁性导致了他们不愿与父母交流和沟通。

案例二中结合孩子家长介绍的情况分析,孩子目前出现的问题应该是青春期孩子的典型表现,但似乎又更严重些,问题的出现应该是与以下因素有关:父母从小与孩子的沟通不够;孩子没有养成良好的学习与行为习惯;目前班主任的管理与教育方式不能让孩子认可,孩子没有清晰的学习目标和人生目标。

案例三中对相关学生特征的阐述:这个时代的独生子女在长辈的溺爱下,自我中心意识明显,不能正确理解父母的爱,甚至对父母的管教产生反抗的心理和对立的情绪。因此,如何正确引导亲子沟通,建立良好的亲子关系,已成为教育者关注的话题。其中,如何激发学生与父母沟通的欲望是不容忽视的重要方面。在生活中必须要引导学生理解父母的爱,愿意找父母沟通,想与父母交流,才能更好地解决亲子间如何沟通的问题。

我们在走向"心理断乳期"阶段时,这个阶段的孩子认为自己已经长大了,虽然不像"心理断乳期"的孩子般强烈要求别人(尤其是父母)把他们看作是成人,但是在很多方面也已经有意识地想摆脱父母,事实上又在无意识地依赖父母。虽然与父母的矛盾还不是很明显,但已经表现出不愿意与父母说心里话等心理。

在生活中,无论与父母还是老师,还是其他人交流时,我们都要懂得在自己遇到烦恼时要及时与他人进行良好的沟通。这样虽不能立即逝去我们烦恼的存在度,但是对于我们解决自身所遇烦恼是有极大好处的。那么,在沟通之前,我们要做一个优秀的倾听者。

一、80％的时间倾听,20％的时间说话。

一般人在倾听时常常出现以下情况:

1.很容易打断对方讲话;

2.发出认同对方的"嗯……""是……"等一类的声音。较佳的倾听却是完全没有声音,而且不打断对方讲话,两眼注视对方,等到对方停止发言时,再发表自己的意见。而更加理想的情况是让对方不断地发言,越保持倾听,你就越握有控制权。

在沟通过程中,20％的说话时间中,问问题的时间又占了80％。问问题越简单越好,是非型问题是最好的。说话以自在的态度和缓和的语调,一般人更容易接受。

二、沟通中不要指出对方的错误,即使对方是错误的。

你沟通的目的不是去不断证明对方是错的。生活中我们常常发现很多人在沟通过程中不断证明自己是对的,但却十分不得人缘;沟通天才认为事情无所谓对错,只有适合还是不适合你而已。

所以如果不赞同对方的想法时,不妨还是仔细听他话中的真正意思。若要表达不同的意见时,切记不要说:"你这样说是没错,但我认为……"而最好说:"我很感激你的意见,我觉得这样非常好,同时,我有另一种看法,不知道你认为如何?""我赞同你的观点,同时……"

要不断赞同对方的观点,然后再说"同时……"而不说"可是……""但是……"。

顶尖沟通者都有方法进入别人的频道,让别人喜欢他,从而博得信任,表达的意见也易被别人采纳。

有关部门对全国 20870 名中小学生进行了以"倾听孩子心声"为主题的问卷调查。写日记、网聊、没人时自言自语,是中学生最常用的倾诉方式;75%以上的中小学生想说心里话时,首选倾诉对象不是父母;一半以上的中小学生最想向父母倾诉学习上的收获或困惑……针对上述调查结果,专家表示,虽然现在家长十分重视孩子的教育问题,但家庭教育主要集中在孩子的学习成绩上,而忽视了亲子间心灵的交流,这对孩子成长的影响远大于学习成绩。

说教+唠叨——孩子不愿主动与父母交流。派派是某小学五年级学生,在父母的要求下,他每天放学后要上奥数、剑桥少儿英语等各种培训班,周末还要练钢琴、学画画。"我太累了,而且培训班太没意思了。"派派最喜欢制作轮船模型,可父母却认为这是"玩物丧志",每次上培训班用派派自己的话来说"就像上刑场一样","一点儿效果也没有"。

当问派派为什么不把自己心里的想法告诉父母时,派派说:"唉,他们理解不了我的想法,我说了也白说,反而会被他们借题发挥训我一顿。"

派派的例子并非个案。"倾听孩子心声"问卷调查结果显示,2 万多名中小学生中,只有 26.73%的人表示自己有了心里话最想告诉的人是父母,同时 49.56%的中小学生最想对关系好的同学、好朋友说心里话。此外,有 13.84%的中小学生选择把心里话埋在心里,9.87%的孩子选择跟网友倾诉。

父母的居高临下式的说教和唠叨,是孩子不愿和父母交流的主要原因。调查显示,近九成中小学生愿意对别人说出自己的心里话。其中58.47%的孩子愿意说心里话并能找到人倾诉,31.75%的孩子愿意说但找不到合适的人来倾诉。

家庭是社会的基本细胞,扮演着重要的教育与社会化的角色。当孩子在成长中遇到困难或者有困惑时,最先想到的倾诉对象肯定是父母。

如果家庭缺少交流，孩子的心里话没有渠道倾诉，长期如此容易导致亲子间的隔阂。因此，父母应该平时多关心孩子的情绪和状态，积极主动地与孩子交流沟通。

简单＋粗暴——家庭关系中缺乏平等宽松的环境。当孩子有机会向父母倾诉心声时，他们通常会选择什么样的话题来倾诉呢？调查显示，超半数中小学生最想向家长倾诉"在学习上的困惑或收获"。排在第二位至第五位的分别是：对爸爸、妈妈提出意见或建议、人际交往中的经历、对未来人生的困惑及对身体发育和生理问题上的疑问。与此同时，另一份在家长中开展的调查显示，近九成的父母表示，自己最想听到孩子倾诉在学习上的心得或困惑。

学习压力过重、家长对学习关心程度过高、关注方式不当是造成半数孩子最想倾诉学习话题的主要原因。学习之所以成为孩子最愿意跟父母倾诉的话题，并不是因为孩子对学习"情有独钟"，而是在就业压力严峻、竞争激烈的社会大背景下，学校、父母、孩子自身都在承受着巨大的学习压力。只要这样的现实环境不改变，学习就永远是父母和孩子之间绕不开的最主要的甚至是唯一的话题。

同时，父母对孩子学习的过度关注和不当关注，又会造成对孩子其他成长问题上的忽视甚至漠视。这折射出在部分家庭中，孩子与父母之间缺乏一种对等的、宽松的、畅通的倾诉环境。

在调查中排名第二的倾诉话题恰恰是"想对爸爸妈妈提意见或建议"。从中也可以看出，一些孩子对父母在家中的所作所为有着不同的意见和看法想要表达。在这些孩子看来，先改变父母的观念和言行方式，接下来才有可能真正敞开心扉，向父母倾诉其他心事。

吸蓄＋引导——家长要成为吸纳孩子心里话的"海绵体"。"现在的孩子真是越来越难养了！"在亲子间如何沟通的问题上，家长也有话要说。家住西安市高新区的高女士，女儿今年上初三。她说："只要我们问得稍微多一点儿，孩子立刻就是一脸的不耐烦。有时看到孩子情绪低落,我们也不敢问,生怕哪句话问不对了,刺激了孩子,影响她中考。"

每一个家长都是最爱自己孩子的。家长不是不愿意与孩子沟通,只是家庭缺乏沟通氛围,某些家长也缺乏与孩子沟通的技能。父母要使自己成为吸纳孩子心里话的"海绵体",既能吸蓄,又能过滤引导,这才是一种有价值的爱。

"现在你的主要任务就是好好学习,别老想着玩"、"我们上班挣钱多不容易,你要好好学习才对得起父母"、"你看看人家某某,这次数学又考了100分"……这些是许多父母经常"教育"孩子的话。

面对父母,我们虽有种种原因不愿与父母沟通交流,但是我们不要忘了父母是除了自身以外最了解自己的人。不去沟通的后果就是父母不知晓我们内心的想法,而我们又不理解父母的苦心,这样的处境不利于我们与父母建立良好的亲子关系,更不利于我们青春期成长的必然规律。

面对孩子,许多父母常常会不自觉地变成或居高临下或苦口婆心的说教者,心里话也变成了对孩子的各种要求。这样的话说出来,就算再语重心长、情真意切,孩子又能真正体会多少呢?其实家长换一种教育方式,效果可能会更好。

情景分析

情景描述1:孩子头脑里被动地塞进很多有"质量"的"事物",但是对于他来讲,脑子里仍然一片空白,岂不知父母的良苦用心是这般不被孩子所理解,孩子苦恼,父母眼前也是些许茫然。双方费解,不愿去交流,而一味地选择被动,直至无法选择时,才发现问题,才知晓沟通的重要性。

情景描述2:小小年纪的孩子对成长中所遇到的烦恼十分无奈,对父母不理解感到沮丧,以致对人生失去信心。实际上他忘记了"沟通"这个人生中最重要的词汇,或许和父母有良好的交流,生活的光彩会愈发的绚烂。生活本是没有太多的一帆风顺,在成长的各个阶段,会遇到种种的烦恼,当我们面对时,无论对方是谁,我们都要愿意去沟通,这样才会有利于解决自身的问题。

任何一个人在达成他人生的各项愿望过程中,都难免会遇到需要与他人合作的机会,而别人对你的协助意愿和配合程度,往往决定了你是否顺利以及是否能加速达成目标。你在一生中都面临着与他人沟通。

沟通品质就是生命品质。

好的沟通技巧及说服力,可让你处处遇贵人,时时有资源,别人做不到的事,你做得到,一般人要花5年才能达成的目标,你可能只需要2年。因为沟通及说服能力可让你建立良好的人际关系,获得更多的机率与资源,减少犯错的机会和摸索的时间,得到更多人的支持协助与认可。

因此我们说:生命的品质就是沟通的品质。

良好的沟通与人际关系的建立,并不是要让你去逢迎拍马,趋炎附势,做个没有原则的人。事实上不论是沟通谈判或说服,你唯一要达成的就是双方的"一致性"。所谓的"一致性"是指双方不论在生理和心理状态上,都能进入一个共同的频道或频率,以达成双方观点一致,思考方式一致,行为模式一致。

高效沟通心法:镜面映现。

"物以类聚"是天条,当人们之间相似之处愈多,彼此就愈能接纳和欣赏对方。你喜欢的不会是处处与你唱反调,"话不投机半句多"的人。你应该喜欢和你个性观念或志趣相投的人,你们有共同的话题,对事物有相同的看法或观点,或是有相似的环境及背景。沟通也是如此,彼此之间的共同点愈多就愈容易沟通。你是否有过这种体验,曾经碰到过一个人你和他接触没谈多久,就有一见如故相见恨晚的感觉,你莫名地对他有一种信赖感和好感?不论你是否有这种体验,我们想这样一个问题,你是否希望自己是那种走到哪里都受喜爱的人?

要做到此点,最有效且快速的方式就是透过镜面映现。

人与人之间的沟通,乃透过三个管道:一是我们所使用的语言和文字;二是我们的语气或音调;三是你所使用的肢体语言。例如我们的表情、手势、姿势、呼吸等,但是我们可知道,根据分析调查,人与人之间的沟通,文字只占了7％的影响力,另外有38％的影响力是由我们的语气或音调而来。例如说"我爱你"这三个字,当某人对你说这三个字时,用一种咆哮愤怒的音调和语气说出时,你会有什么感觉? 你可能感觉到的是"我恨你"。但同样的,若有一个人用轻柔感性或嗲声嗲气的方式说"我讨厌你"时,你可能感受到的是一种爱意了。

至于占了最重要影响力55％的部分,就是我们的肢体语言。一个人的举止动作、呼吸和表情在沟通时所代表和传达的讯息,往往超出口中所说的话。但一般人在沟通的过程中,却时常会忽略掉这个占了55％的沟通共点。所谓镜面映现,乃是透过一种对映或临摹对方的方式,让一个人无论在文字、声音、肢体语言三方面都能和对方达成共同的沟通模式,换句话说,当两个人所使用的文字、说话的语气、音调、说话态度、呼吸方式及频率表情、手势、举止动作都处于一种共同的状态时,自然会产生一种共鸣,会直觉地认为,对方与自己个性相近,并且产生一种亲切和信赖感,由于这种感觉的产生是无意识的,所以我们也称镜面映现为一种潜意识沟通模式。催眠大师艾瑞克森博士就是透过这种方式,借由模仿别人的语气和音调、呼吸方式及频率、表情、姿势等便能在短短的几分钟内,让对方无条件地信任或接受他。

人非圣人,孰能无过? 父母是爱自己的儿女的。大多数父母对儿女的期望值很高,可能他们有些事情做得让人不舒服,只要我们用心地去发现,就一定可以从父母啰唆、严格、不近人情的表面发现他们爱我们的内心。

1.用恰当的方式表达不同意见。如果你认为父母确实做得不对,可以试着将你的想法表达出来,千万不要压抑心中的不满。比如当父母偷看你的日记或在旁听你的电话时,如果你对父母大吵:"为什么不尊重我?"反而会使父母觉得你将他们看成外人,会很伤心,你可以用一种较为轻松的方式表达"我的不满是有道理的"。如果父母偷看你的日记,你可以先装作不知,在他们下次听电话时凑过去装着听的样子,或者装着想看日记的样子,当父母责备你的时候,你便可以将自己的感受讲出来,这样他们就比较容易理解和接受了。又比如,当你们发生冲突或误会之后,在母亲节或父亲节时送上一张小卡片,在为他们祝福的时候同时说出自己的感受,或为他们点一首歌,并附带讲出自己的心里话,那么大部分家长都可以接受。

2.多向父母了解他们的过去。多问问父母:"你以前是怎样的?"了解他们的趣事,有利于双方沟通。虽然年代不同,但仍有许多感受是相同的,比如贪玩、顽皮、恶作剧、叛逆等等。父母有时会忘了他们以前这些感受,而用一些他们自认为很对的方式要求我们,这样一谈,会使他们想起自己的过去,从而更好地理解我们的感受:"原来我们当时不也是这样的吗?"很多时候,当父母讲起"想当年,我……"时,不少同学都会感到厌烦甚至反感,其实,我们并没有努力从中找出与父母相类似的感受,而是一下子就树立了对抗情绪,阻碍了继续更好地沟通。如果我们注意倾听的话,我们与父母一定会产生共鸣,把心拉得更近的。

3.赞美父母并虚心请父母提意见。父母也喜欢赞美,并且人都有一点逆反心理,多赞扬父母反而会使他们意识到自己的不足;同样多请父母对自己提出批评,并虚心接受正确的意见,也会使他们注意到自己的不足,也可以使双方更为了解。

在生活和学习中,很多事物的发生和发展让我们不断意识到与父母沟通的重要性。交流是人重要的生存能力,孩子在交往中,才能表现自己,了解他人,才能融入社会,才能有利于健康心理的养成。

从和谐家庭中走出的孩子,才会妥善处理社会人际关系。子女怎样与父母沟通与交往,归根结底亲子沟通和家人沟通是一个最具有根本性影响的因素。

父母与子女，沟通才能交流，交流才能实施教育。父母对孩子进行家庭教育离不开亲子沟通。皮之不存，毛将焉附？沟通是"皮"，教育是"毛"。沟通是一种行为，一种传达意思给别人，让别人知道你、了解你的行为。它可以通过语言进行，也可以通过非语言进行。沟通是一种客观存在，不管你意识到也好，没注意到也好，哪怕你一句话没说，只要对方从你的某个行动上"读"出了意思，沟通便已发生。

在今后的生活中，我们难免还会与父母发生误会和矛盾。但有了这样的思考，想必大家面对这些矛盾时会更加成熟和理性。"谁言寸草心，报得三春晖。"有了对父母养育之恩的理解，有了对父母的尊重，同学们肯定能找到与父母沟通的有效途径，与父母一起共建一个和谐美满的家庭。希望大家反思自己以往的做法，制订一个改善与父母关系的新计划，并认真执行。学会与父母沟通，相信你一定能行！

回音壁

有人说："世上有种结难以解开，它叫心结；世上有扇门难以敞开，它叫心扉；世上有条沟难以逾越，它叫代沟。"不知道我们是否体会到，随着年龄的增长，我们与父母的关系却不再像小时候那样亲密无间。可能许多同学都在思考：是什么原因造成了我们与父母的隔阂？又怎样来搭建心灵沟通的桥梁呢？带着这些问题，让我们一起来探讨下面这个故事中主人公所遇到的问题。

有这样四幅图画：

第一幅：兰兰周岁时生日 party 上的喜庆场面；

第二幅：兰兰依偎在妈妈怀抱里撒娇；

第三幅：兰兰愉快地同父母一起郊游；

第四幅：兰兰认真倾听父母的教诲。

可是，升入初中以后，兰兰感到自己不再像以前那样能与父母融洽相处了，父母对她的言行看不惯，她对父母的管教听不进。为此，她感到十分苦恼。她在日记里写道："爸爸妈妈，不知道为什么，我感觉和你们的关系越来越疏远了，虽然你们与我朝夕相处，但你们却根本不懂我的心，不了解我的需求，也不清楚我的困惑。你们对我总是斥责多于鼓励，要求多于倾听，大事小事总爱唠唠叨叨，我现在已经长大了，你们别管那么多，好吗？你们苦恼的兰兰。"

兰兰之所以感到苦恼，是因为她与父母之间缺乏有效的交流与沟通。那么到底是哪些因素影响了兰兰与父母之间的交流与沟通呢？

我们是否遇到过上述这种情况呢？那么，我们在面对这些问题时选择的又是怎样的解决方式呢？不妨回忆一下以往的生活，为自己的生活作一个阶段性的小总结吧！

第四章　凡事"态度"决定一切

态度是一种先入为主的东西。好的态度能弥补不足,坏的态度则会使优势变成劣势。你的态度决定了你的未来,它是通向成功之门的金钥匙,它会直接影响你的工作和生活质量。态度的不同抉择,从不同的角度告诉我们,生活中态度决定一切,它是一种认知,一种充满爱的生活方式。

种下行为会收获习惯,种下习惯会收获态度,种下态度会收获命运。生活其实就是一种态度,不同的态度,造就不同的人生。每个人都是一座宝藏,凡人也有超人的力量,成功的关键在于如何唤醒心中的巨人,发掘自身的宝藏。

明 镜 台

【案例一】

孩子们来到幼儿园,开始进入一个新环境,有的幼儿能高高兴兴地和小朋友一起玩,不哭也不闹,可有的幼儿一看到妈妈走了,急得哭了起来,有的孩子被老师抱着哄着也就不哭了,他们能安静下来了,会听着老师讲话了,会和老师一起做游戏了。有的幼儿却哭个不停,喊着要爸爸妈妈,不让爸爸妈妈走。李诗雨就是这样一个小朋友。她一进幼儿园就哭闹个不停,拉着爸爸的脖子就是不松手,不让爸爸走。一连几天都是这样的,而且在一天的活动中,总是自己坐在一个角落里,饭也不吃,觉也不睡,脾气很倔强。

【案例二】

一位来自北方城市的母亲来信对笔者诉苦:"孩子10岁了,明明什么都懂,可就是宁愿上网长篇大论或者在日记里写很多自己的想法,也不愿意跟我们多说一句话,还学会了顶嘴,动不动就耍脾气。"

在回信时笔者写道:"给您的建议:1.可以尝试与孩子建立网络沟通渠道,从而了解孩子在干什么想什么;2.让孩子感受到来自您的包容和理解。"如何选择正确的沟通的"钥匙",是当代父母打开孩子心灵之门的关键课题。

【案例三】

张先生的孩子上初中以前一直和家人沟通得很好,但后来渐渐地就少了,现在已不愿和他们多说一句话。有时一沟通就会吵得天翻地覆。可为什么随着孩子长大,孩子越来越不爱跟他们说话了呢?

智慧树

案例一中的李诗雨之前没上过幼儿园,也没长时间地离开过自己的亲人。对一个刚满3岁的孩子面对一个完全陌生的环境,自然会在生理上和心理上产生一定的压力。有的幼儿开始哭闹,不愿上幼儿园;有的幼儿在幼儿园独来独往、性格孤僻,不愿与人交往;新生入园的不适应主要面临以下几个方面的压力:

一方面,客观上陌生的环境带来的压力:全新的生活环境、不同的作息制度都需要年幼的孩子去快速适应。

另一方面,心理环境的变化:他们担心自己的生理需要能否得到满足,如吃饭、午睡、小便、穿衣、喝水怎么办? 这些是带给幼儿不适应的主要原因。

刚入园的孩子往往不明白为什么大人要把他送到一个陌生的环境,担心父母不喜欢他,不要他了。因而,家长在与孩子谈心时,不仅要让孩子知道为什么要上幼儿园,还要让孩子相信父母是爱自己的,父母是想让自己交更多的朋友,学到更多的本领。入园前,家长应带孩子参观幼儿园,看看幼儿园的环境,花草树木,小朋友睡觉、吃饭、洗手、小便的地方。最好能看到其他孩子在幼儿园活动的情景,让孩子对幼儿园有个初步的印象,消除孩子对幼儿园的陌生感。初步培养幼儿的生活自理能力。家长在孩子入园前,就要有意识地逐步培养孩子自己用小勺吃饭,会正确地咀嚼、吞咽;大小便会告诉老师;会自己穿脱鞋子,有良好的午睡习惯等等,帮助孩子提高生活自理能力,减少孩子因不会或不甘而造成不必要的忧虑和紧张。

让幼儿学一点交往技能。3岁左右的幼儿,自我中心的特征十分明显,加上又是独生子女,与同伴交往能力差。有的争强好胜,有的胆小怕事,有的看见滑梯等运动器械上有其他孩子,就不敢玩。因而家长在孩子入园前,应有意识多让孩子与别的孩子交往。在交往中,帮助孩子学会一些交往的技能。如告诉他想玩的玩具在别人手中怎么办?别人碰了你怎么办?注意要正面引导,那种"谁打你,你就打谁"的方法不可取,容易造成孩子是非不明,成为一个不受欢迎的人。

分别时坚决果断。送孩子入园时,家长要与老师密切配合,统一思想,减少孩子不切实际的期盼。家长送孩子入园后,要果断离开,不能一听到孩子的哭声就回来,与孩子相对泪汪汪的。这样来来回回折腾,会让孩子以为只要一哭闹,大人就会满足要求,这样也会延长孩子适应幼儿园的过程。

案例二中的小朋友没有意识到与父母沟通的重要性。虽然我们现在生活中已经离不开电子产品的参与,但是一味地迷恋网络,偏执地认为网络可以解决自己在成长中遇到的所有烦恼,不愿去理会父母对我们的帮助。那种治标不治本的解决方式只是一时的痛快,却无法究其根源。我们在成长过程中,会遇到这样或那样的烦恼,心里会有很多茫然的时刻,要及时地与父母进行良好的沟通。只要本身正视沟通的这种态度,我们便会得到沟通瞬间产生的美妙。对于大多数家长来说,看着自己孩子一天天长大无疑是开心的事,可随着孩子逐渐懂事,家长们却发现彼此的距离越来越远。而这种情况却是现在社会上常见的,沟通是一种态度,需要双方清楚地认识到这一点,才能更好地解决问题。

案例三中为什么孩子长大了不愿意和家长交流了呢?理论上说,双方都有原因和责任,但实际上,孩子对家长的沟通态度和方式是家长对孩子不当沟通态度和方式的模仿。亲子沟通不畅,往往是因为家长之前用了不当的沟通方式,让孩子关闭了跟父母沟通的大门。比如有的家长不善于倾听孩子说话,有的不能控制说话时的情绪和音量,有的喜欢"长篇大论",有的过于急躁、不许孩子辩解,有的则以爱的名义用打骂代替交谈教育,等等。所以家长应先从自身做些调整,才能让亲子沟通的大门再度敞开。家长可以尝试以下亲子沟通的技巧和方法:

第一,充分尊重,耐心倾听,少做批判。如果家长与孩子交谈像审讯犯人一样地质问或责骂,那么孩子就会本能地启动自我防御机制,关闭心门。建议家长和孩子沟通前,先以愉快的语气、和缓的声调征询孩子的交谈意愿。当孩子打开话匣后,家长要耐心地倾听。这不仅是尊重孩子的表现,也为后面的沟通营造良好的氛围。有时候孩子仅仅是需要一位忠实的听众,听自己把内心的郁闷、愤怒等情绪倾吐、宣泄出来,家长只需用眼睛注视着孩子、静静听孩子倾诉,这本身就有很好的沟通效果。在倾听过程中,父母要控制自己的坏情绪,对孩子所说的东西不妨先全盘接受,而不要急着用自己的想法加以批驳和评判。

第二,增加理解,降低音量,多鼓励。因为成长环境的不同和年龄的差异,孩子的头脑里会有各种新鲜的想法和不同于成人的观念,这些东西对家长来说可能非常陌生,不能认同,这就需要家长的充分理解和信任。亲子沟通中还有一种规律——家长心平气和地讲话,孩子会平静地思考、应答,但如果家长满怀怒气地大声嚷嚷,孩子也会不耐烦地回应、顶撞。另外,每一个孩子都需要鼓励,特别是当他遇到困难和挫折、自信心不足的时候。

第三,先褒后贬,压缩语句,愉快结束。对孩子所犯的错误,在理解的基础上,适当地批评和惩罚也是必须的,但是要注意方式方法。对于5岁以上有一定是非观念的孩子,家长不妨采取"先褒后贬"的方式,即当孩子犯了错误,家长要先抓住他错误中一个或几个"闪光点",真诚地实事求是地肯定或表扬他,这样可以感化孩子,让他主动反思错误、改正错误。心理学研究发现，家长对孩子的要求越慎重越简短，他越愿意与你合作。当然，在谈话收尾的时候，家长还要以鼓励的话语激发孩子，给孩子努力的希望。

为什么要沟通？这个问题乍听起来，好像问别人"为什么要睡觉"一样愚蠢。吃饭是因为饥饿，睡觉是因为困倦。同样，对于我们来说，沟通是一种自然而然的、必须的、无所不在的活动。

通过沟通可以交流信息和获得感情与思考。在人们工作、娱乐、居家、买卖时，或者希望和一些人的关系更加稳固和持久时，都要通过交流、合作、达成协议达到目的。

在沟通过程中，人们分享、披露、接受信息，根据沟通信息的内容，可分为事实、情感、价值取向、意见观点。根据沟通的目的可以分为交流、劝说、教授、谈判、命令等。

综上所述，沟通的主要作用有两个：

1. 传递和获得信息

信息的采集、传递、整理、交换，无一不是沟通的过程。通过沟通，交换有意义、有价值的各种信息，生活中的大小事务才得以开展。

掌握低成本的沟通技巧，了解如何有效地传递信息能提高人的办事效率，而积极地获得信息更会提高人的竞争优势。好的沟通者可以一直保持注意力，随时抓住内容重点，找出所需要的重要信息。他们能更透彻了解信息的内容，拥有最佳的工作效率，并节省时间与精力，获得更高的生产力。

2. 改善人际关系

社会是由人们互相沟通所维持的关系组成的网，人们相互交流是因为需要同周围的社会环境相联系。

沟通与人际关系两者相互促进、相互影响。有效的沟通可以赢得和谐的人际关系，而和谐的人际关系又使沟通更加顺畅。相反，人际关系不良会使沟通难以开展，而不恰当的沟通又会使人际关系变得更坏。

沟通是人类组织的基本特征和活动之一。没有沟通，就不可能形成组织和人类社会。家庭、企业、国家,都是十分典型的人类组织形态。沟通是维系组织存在,保持和加强组织纽带,创造和维护组织文化,提高组织效率、效益,支持、促进组织不断进步发展的主要途径。

有效的沟通让我们高效率地把一件事办好,让我们享受更美好的生活。善于沟通的人懂得如何维持和改善相互关系,更好地展示自我需要,发现他人需要,最终赢得更好的人际关系和成功的事业。

在孩子小的时候,许多父母会通过讲故事、唱摇篮曲来哄孩子入睡,可等孩子长大了,父母与孩子的沟通却变得越来越少了。

缺少沟通的生活是枯萎的生活,父母与子女的沟通是情感的需要也是成长的需要。

沟通真的变得困难了吗?

如果在孩子入睡前父母能一起坐下来清理一天的"垃圾",不让忧愁过夜,这是不是一种积极的生活态度呢?记得有一位教育家说过:"父母教育孩子的最基本的形式,就是与孩子谈话。我深信世界上好的教育,是在和父母的谈话中不知不觉地获得的。"如何做有效的沟通,是我们需要学习与探讨的。

一个人在沟通过程中,由于信任的不同,采取的态度也是不一样的。如果态度不良好、不端正,沟通的效果肯定是不好的!因此态度问题不解决,实际的沟通效果是无法达到预期目标的。

在实际沟通的过程中依据于合作性与果断性可把沟通的态度分为以下五大类:

1.强迫性

很果断,缺少合作精神,如部分的上级对下级的沟通、父母对小孩之间的沟通。在这种强迫的态度下,沟通实际是不容易达成一个共同的协议。

2.合作性

真正沟通的态度,即敢于承担责任,又积极地合作。这样的沟通较为容易得到反馈,达到共同的协议。

3.回避性

在沟通中既不果断地下决定,也不和你主动去合作,那么这样一种态度叫回避的态度。他总是回避着你,不愿意与你沟通,不愿意下决定,所以得不到一个良好的沟通结果。

4.折中性

果敢性有一些,合作性也有一些,通称为圆滑。

5.迁就性

不果断地下决定,但非常地合作。你说什么,他就说行、好的、同意。实际沟通过程中下级对上级的沟通,下级更多地表现出迁就态度。这样的沟通,失去了沟通的意义,无法得到真正反馈。

情景分析

情景分析:当下学生在学习和生活中遇到诸多烦恼,如亲子关系、家庭压力、学校压力、青春期问题等,怎样去协调各种关系的顺利发展呢?

这就需要我们主动去和他人进行良好的沟通。首先要端正一种态度,只有我们肯定了这种态度,才会甘愿去运作,很自然,得到的效果也是甚好的。

生活或学习的压力是必然并顺其自然地发生的,那么我们与父母之间的沟通尤其重要,因为父母除了是我们在这个世界上至亲至爱的人外,还是我们人生中的第一任老师。凡事态度决定一切,做事情和做人是一样的,有个良好的态度,指明了前进的方向,自然我们的人生之路走得就会比他人顺畅。或许我们并不知道沟通之后的效果与之前有什么不同,但是我们要相信愿意去尝试就要比稳坐不乱多了些许的机会。当我们抱着积极的态度去与父母、老师、他人沟通时,便会得到相对应的信息。不一定会绝对发生我们内心所预料的,但是一定会向解决问题的方向发展。

作为中学生,我们应该怎样与父母沟通呢?

中学生与父母之间进行良好的沟通,不仅关系到每个家庭的幸福,关系到防止中学生出现各种心理和行为问题及犯罪,也关系到他们成人以后如何做一个好的父亲和母亲,对于我们整个民族的文明、友爱、社会的繁荣、稳定,也有着重要的意义。那么,中学生和父母进行沟通,应着力于从以下几个方面入手:

1.促进双向了解

具体办法可以通过举办实践活动,让做父母的了解中学生身心发展的一些特点以及一些好的教育方法,因为父母与子女之间的沟通同家庭教养的方式有着直接的关系,一般在母主型的家庭中沟通起来就比较容易,反抗也是极其微弱或者是不容易出现的。此外,也可以通过让父母多去学校了解学生的情况,来增加他们与孩子进行交谈的内容,在平时的学校活动中,也可以让学生写一些关于自己的父母的文章或者作文,进行公开的讲评,或者组织学生进行讨论,让他们来加深自己对父母的理解。这样,在中学生和父母互相了解的基础上,使双方均建立一种积极沟通的态度。

2.教给双方沟通技能

这些技能里,首先包括使双方掌握一些基本的沟通原则:

第一条原则是:相互理解。印度诗人泰戈尔曾经说过:"理解是爱的别名。"更进一步我们也可以说:"理解是更深层次的爱。"一方面,父母要理解孩子的心理需要,对孩子力所能及的事情不要过多地包办代替,更不要横加阻拦,但是要有意识地给予适当指点和帮助,因为小鸟长大了总要飞翔,要给孩子长大的机会;另一方面,子女也要理解父母的良苦用心,当自己与父母之间发生分歧以后,不要总是埋怨父母,如果自己真是正确的,那么,也不要过多地计较父母对自己的责难,而可以通过耐心的解释,或者用实际行动来证明自己是正确的。

第二条原则是:相互尊重。子女尊重父母是我们做人应具备的最起码的品德,所以做子女的扮演好自己的角色是非常重要的。父母也要尊重自己的孩子,因为孩子不是父母的私有财产,他们是具有独立人格的人,有着自己的兴趣爱好和志向,所以父母要尊重他们的合理要求,尊重他们适当的隐私权,维护他们在众人面前应有的自尊,这也是为自己赢得尊重的途径。在这里，要指出的一点是：父母要真正获得子女对自己的尊重，自己在言行上要能为孩子做出榜样。

第三条原则是：自我反省。做子女的，当觉得父母对自己的行为干涉太多的时候，首先应该先反省一下我们自己，我们的行为是否都是合适的；做父母的，当感到自己的苦心没有得到孩子的理解，甚至在让他们反感的时候，也应该理智地思考一下造成这种结果的原因是什么，我们的方式是否都是恰当的，我们自己的品行是否都是良好的……当彼此都能平心静气、理智地反省自己的行为的时候，实际上也就营造了一种理解，在双方架起了一座沟通的桥梁。

父母与子女的沟通，是施教的前提。在家庭中，父母由于年龄、经验、能力等方面的原因，处于沟通中的优势地位，而孩子则处于沟通的弱势地位。所以，父母与子女沟通的第一步，是尊重孩子，把孩子看成是家庭中平等的一员，而不能"以强凌弱"。

尊重孩子，意味着父母应站在孩子的角度想问题，承认孩子有自己的想法和人格。有的父母在与孩子交谈时，或者自己蹲下来，或者把孩子抱起来，放在桌子上，让孩子看着父母的脸，看着父母的眼睛进行交流。这种对视，交流的是浓浓的爱意，传递的是深深的亲情。在眼与眼的对视中，达到了心与心的沟通。而不是让孩子看着父母的膝盖，看着父母的拖鞋接受斥责。

纵观家庭教育的成功经验，父母与子女们沟通的艺术主要表现在倾听、观察、交谈、共同做事等。

倾听：

并不是有耳朵就会倾听，特别是作为父母，自视自己把孩子从小带大，是孩子最亲近的人，又一心扑在孩子身上，还用得着专门去倾听孩子的心声吗？是的，孩子虽小，但他们也有自己的精神世界，而且这个世界很特殊，不下一番功夫，就踏不进这个世界，也就感受不到这个世界的精彩。

为了更好地倾听，建议父母注意以下问题：

1. 给孩子创设一个宽松、安全的环境,让孩子愿意向父母倾诉。有的孩子也愿意向父母交流,但交流中,他们很快发现,这种交流常常给自己带来不利:如果是坏消息,父母就会没完没了地唠叨、批评或说教,甚至责骂,非但不能分担忧愁,反而增加烦恼。如,当孩子说:"明明打我了。"父母就一下子着急起来:"怎么样,打痛了没有? 我看打哪儿了?""他为什么打你? 你怎么不打他? 他下次再打你,你就打他,要不就回家来告诉我,我去找他妈。"一句话惹出了一百句、一千句,孩子的耳朵都快吵聋了,孩子的脑袋快爆炸了。还有让这对父母不解的是,孩子的第二句话是:"后来,我们俩好了,又在一起玩,他还给我吃巧克力。"直到这时,父母才明白,刚才的着急都是无效的。如果是好消息,如:"我今天考了'双百'。""我得了小红花!"等,父母就会努力控制着喜悦,故意板起面孔说"不能骄傲,继续努力"或"才得了一次小红花,人家东东已经得了三次了"。不但不能分享孩子的快乐,反倒让孩子体验到了由成功带来的愧疚感,自觉处处不如人。

聪明的父母常常能够给孩子创造机会,让孩子学会表达或倾诉自己的思想和感情。对孩子来说,有机会说出自己的感觉,也是一种放松,因为无论是忧愁,还是欢喜,都有人与他分享,与他分担。

2. 积极倾听,去掉评价,去掉说服,让孩子毫无顾忌地表达自己的思想和情感。对孩子来说,有人听就足够了。家长要理解孩子,首先应尊重孩子的感受,接受和认可孩子的情绪情感,而不是否认和拒绝他们的情绪情感。特别是对待那些不愉快的、消极的情绪体验,家长更应静观等待,等待孩子通过诉说、宣泄、释放出来,减轻孩子的内心压力和紧张情绪。

有时候,当孩子倾诉完自己的不愉快的情绪后,父母抱抱他或拍拍他,给孩子带来的安慰会远远大于父母再给他讲什么道理。

积极地倾听,有时候还需要一定的策略。有时候,孩子由于语言发展的局限,不善于也不会主动通过语言与成人进行沟通,特别是当孩子情绪激动时,就更会思维混乱而词不达意,这时,需要父母首先安定孩子的情绪,让孩子不要着急,慢慢说。然后,通过询问,帮助孩子组织想说的问题,把事情具体化。例如,当孩子表达有困难时,你可以偶尔插问:那是什么时候?在哪儿?他怎么说的?还有别人吗?你怎么做的?后来呢?等等。这些问题可以帮助孩子把想说的话说出来。

许多孩子都有交流的愿望,但当孩子说出一些不利的问题时,家长往往就急于批评、评价、指导,使孩子的自尊心受到打击,而孩子一旦发现不利,就会立刻中断交流,时间长了,就可能什么事也不对父母说了,或者"只报喜不报忧",甚至发展为撒谎,将别人的成绩也说成是自己的,以博得父母的欢心。

观察:

孩子由于能力所限,不善于用语言倾诉,要了解孩子,观察就是非常重要的。父母应细心观察孩子的一言一行、一举一动,关注孩子的情绪变化,善于捕捉和发现教育时机,适时而适当地给予指导,既不让孩子感到父母的包办和干涉,又在自己遇到困难时,由于恰当的指导而体验到成功。如,一个两岁的孩子在玩串珠的游戏,母亲看见绳子的一端已经散开了,就告诉宝宝说:"来,我帮你,这样串不进去。"可是孩子执拗地说:"宝宝自己来。"孩子拿起一个珠子串不进去,就换了一个,又串不进去,又换了一个。这样换了几个后,还是串不进去,孩子的脸开始急红了,呼吸也变粗了。这时,妈妈一直在旁默默地观察着,当她看到孩子的表情起了变化,眼看一场"灾难"就要降临时(轻者哇哇大哭,重者又哭又闹,大发雷霆甚至将满盘珠子掀翻在地),妈妈及时地说:"这么多漂亮的珠子,我们来数一数,看看有多少个,让它们在盘子里跑一跑,看谁跑得快,好不好?"孩子的注意力转移了,很合作地与妈妈一起玩起了别的游戏。母亲趁机将孩子用的软绳换成了易串的硬绳,放在孩子的跟前,一会儿孩子发现,又拿起来串时,他终于成功了。

交谈:

交谈是沟通的重要途径,聪明的父母懂得怎样让交谈顺利而有效地进行,懂得自己在与子女交谈中处于什么样的地位,怎样通过交谈把握教育时机、渗透教育。如在孩子倾诉时,如果一言不发,目光落在旁处,孩子会认为你根本没有关注他,会不停地问:爸爸,你在听我说吗？年龄再小的孩子,会走过去把爸爸的头扳过来,让爸爸的脸,特别是眼睛看着自己,这样他才继续说话。这时父母应停下手里的工作,用目光注视着孩子,边听边穿插一些语言:"啊,是这么回事啊!""你怎么想?""我能理解!""这样做是对的。"等等,一来表示自己愿意听,二来也表明了自己的态度,孩子在这种交谈中也得到了及时的反馈,知道交谈不是自顾自地说,而是要根据交谈双方的具体情况灵活处理信息,以保证交谈的成功与有效。

有这样一个孩子,一天晚上,孩子向父母夸耀她一天的成绩:"今天,幼儿园开运动会了,我跑得最快。突然,刚刚摔倒了,哇哇大哭,我跑过去,扶起了他,帮他揉揉腿,问他疼不疼,他不哭了,我又跑,最后我得了第一。""老师和小朋友拼命为我鼓掌,送给我一朵大红花,我又给小朋友们讲了一个故事,真的,这个故事是我自己编的,别人谁都没听过。我讲完了,老师和小朋友都拼命为我鼓掌,跟电视里一样,又给我奖励了一朵更大的大红花……"孩子沉浸在成功的幸福和欢乐中,边说边比画,说"大红花"时,一会儿比画成脸盆那么大,一会儿又比画比成小碗那么大……孩子边眉飞色舞地讲,边用目光盯住父母的脸,看他们信不信。她讲的时候,心是忐忑不安,她生怕爸爸妈妈说:"让我们看看你的大红花吧!"或说:"你讲的故事叫什么名字?"因为她拿不出大红花,连小红花也没有,也说不出故事的名字,因为她还没想好。可是父母始终笑盈盈地看着她,她根本看不出爸爸妈妈是信了还是不信。过了一会儿,爸爸问:"还有吗?""没有了!"孩子紧张地回答,爸爸依然笑盈盈地说:"要是真的就好了!"孩子一下子就轻松了,不再紧张了。那种感觉孩子记了很多年。长大成人以后,工作和生活有了很多收获,她深情地回忆说:每当工作和生活中遇到困难和麻烦时,"要是真的就好了"就会在耳边回响。每当有了点收获时,也自然就想起了"要是真的就好了"。

成人有成人的世界,孩子有孩子的世界,两个世界的沟通,需要架设适宜的桥梁,这桥梁就是"童心未泯"。每一个人都有自己的童年,有自己童年的快乐,可是当自己长大以后,常常由于社会习惯、工作压力以及传统观念的影响,童心泯灭了,童趣消失了,变成了一个老成持重、不苟言笑的人。

其实,任何人都保留着一颗童心。不信,你可以带着"请说说你的童年吧!"这个问题去问所有的人,在你所得到的答案中,可以发现一个充满快乐的世界:玩游戏是快乐的,劳动是快乐的,学习也是快乐的;成功是快乐的,失败也是快乐,甚至被罚站、挨打,现在也忘记了痛苦和悲伤,变成快乐的了。可见,保持童心,用孩子的眼睛去看,用孩子的耳朵去听,用孩子的心灵去感受,又有何难?回到童年,一方面影响和教育了孩子,一方面又找回了失去的童趣,何乐而不为?

细心的父母会发现,孩子的世界是用幻想构成的,要想进入这个幻想的世界,父母就应该与孩子一样做个幻想家。如孩子会问:"如果我穿上魔鞋就能飞到太空去吗?""人要是没有眼睛,用什么看东西?用鼻子吗?"对于这类问题,如果父母回答:"世界上没有魔鞋,你也飞不到太空去。"或者说:"这是一个愚蠢的问题。"那你不但是在扼杀孩子的想象,而且会遭到孩子的反抗。他们会固执地强调:"要是呢,我说假如是,会怎么样?"

事实上,对待这类问题,最理想、最可取的方法,就是先把孩子的幻想接受下来:好!好极了!太棒了!然后,参与到孩子的想象中去,用孩子的眼睛去看,用孩子的心灵去感受,用孩子的语言去表达。如果你说:穿上魔鞋,不但能飞上太空,还能与太空人联系上,他们还会请你去做客呢。等你飞回来以后,就能给我们讲一个非常奇特的故事啦!那么孩子就会非常佩服你,对你的崇拜之情油然而生。

当然,还有一个更巧妙的办法,就是把"球"踢回去,让孩子自己来回答:这样可以引导孩子的想象,让儿童在幻想的空间里找到幻想的逻辑性。沟通的方法很多,每个孩子都可以在自己被受教育实践中,创造出新的、有效的沟通方法,提高沟通的层次,使亲子关系达到更高的境界。

回音壁

伴随着孩子的成长,做父母的首先感到压力越来越大,明显的代沟,活跃的思路,封闭的内心,青春期的萌动,让两代人之间的沟通成为障碍,但这一时期又是家教的关键时刻。如何帮助孩子树立正确的人生观、价值观,必须通过有效的沟通,如何了解孩子内心世界的变化,掌握孩子的发展动态,也必须通过有效的沟通,如何帮助孩子克服不良的行为习惯,养成良好的品行,更要通过有效的沟通。但让大多数父母束手无策的是这一时期的孩子最不喜欢的是父母的唠叨,反复的盘问,刻板的教条。那怎样才能变天堑为通途,体现沟通无处不在呢?

实际上,人的一生就是不断地选择、决定。当选择和决定做出了以后,就只有勇敢面对。是积极面对,还是消极接受?是好,是坏?完全取决于你的态度。

关于代沟问题,应该说确实存在。不同的人,尤其是两代人之间,所受的教育、成长的环境和时代以及所处的位置、看问题的角度等都有差异,那么存在代沟是正常的。问题是应该如何对待这种差异,是让它继续存在或发展吗?还是努力让它缩小和消除呢?面对代沟,我们应该采取什么态度,积极改善的态度,还是消极放任的态度?

关于与家人和亲友交流与沟通的问题。两代人之间,由于存在代沟,相互之间的交流和沟通普遍不容易。尤其是在中小学阶段。即在孩子刚刚开始发育成长的阶段,这种交流沟通更加困难。因此,发明了博客的平台和形式。其实,笔谈也是交流与沟通的一种方式。写博客或日记不一定是要给人看,也可以是自己与自己的对话,自己与自己的心灵交流。因为,当今社会,交流与沟通变得更加重要,所以我们希望与他人更好地交流与沟通!

最后,让我们通过沟通与孩子建立起良好的"亲子关系",相互尊重、体谅、理解、支持,让我们快乐和幸福地生活、学习。

第五章 面对可以的,解决应该的

误会产生于情理不明,判断失误,心理倾斜。用这样的心态观人察事,便会把主观的错误强加给客观,转嫁给他人。要想做到判断精确,消除不必要的误会,人应当学会多思考,学会多交流和沟通。在我们的生活和学习中会遇到很多成长的烦恼,不论自己是处于哪一阶段,都必须面对些许存在的问题,然后寻找可以解决的办法,让我们的生活更加绚丽多彩!

明 镜 台

【案例一】

小伟现在最闹心的就是回家,放学后总要磨蹭到最后,他说回家就是噩梦的开始,妈妈什么都要管,连他穿什么、洗澡都要听她的指挥,更别说其他的事情了。爸爸是个"甩手掌柜",一切都听从妈妈的安排。看到妈妈日渐臃肿的身材和世俗的想法就难以接受,内心的话根本没法说,只能用反抗、叛逆证明自己,那股莫名的烦恼又有谁能了解呢?

【案例二】

宋女士家庭条件不错,女儿今年14岁,从小到大,几乎是要什么给什么。可最近宋女士发现,女儿变了。当她对父母有所求,想要东西的时候,便甜言蜜语、跑前跑后,一旦目的达到,就对父母爱理不理。

女儿说:"在我心里,朋友是第一位,亲戚是第二位,父母是最后一位。"这句话让宋女士到现在还很伤心。宋女士说,一想起女儿变得如此绝情,她就忍不住直掉泪。"我们对她那么好,她怎么就不知道感恩呢?"

【案例三】

谭女士说,自己16岁的儿子上初三了。"他小的时候,是一个特别听话、特别知道心疼人的孩子。我生病了,他就跑前跑后,一会儿掖被子,一会儿拿药。现在,我对他再好,他都是一副无所谓的样子。"

谭女士说,孩子的一切改变源于他上初一的时候,当时孩子英语不太好,班上有位女同学经常给他补课,同学们就传着两人早恋。孩子的班主任把双方家长叫到了学校,让孩子当着家长的面,写下和那个女同学的"绝交书"。"绝交书"写后,孩子和那个女同学果然绝交了,但却像变了一个人。

从此以后,孩子不管是对家长还是对老师,都是敌视的态度,还经常不回家,经常和一些女同学出入不该出入的场合。

智慧树

案例一中,我们不难看出青春期的孩子内心充满了期待,可往往父母们难以觉察到孩子点滴的感受,只会从外在的行为去说教和批评,无形中给本是躁动的青春期添了一把火,结果只会使双方越烧越旺,可能两败俱伤。那么,我们从另外的角度看待父母:

1.年龄的代沟

父母的年龄已大,必然会有自己人生经验的积累,所以不要要求他们必须要能够和你保持一样的评判标准。虽说代沟可以弥补,那也要双方都愿意沟通,如果你能够表现得积极耐心,父母同样可以被你感动。

2.父母也有自己的尊严

大家都很强调尊严,可你们是否想过作为父母的尊严呢? 在我们传统的教育体系下,把孩子养大、有出息就是使命,如果你的做法和他们的评判标准出现偏差,那么他们内心该作何感想? 他们的自尊去哪儿找呢?

3.没有不爱孩子的父母

父母是爱我们的,可似乎找不到一点爱的影子,你也许会问"他们爱我为什么还这样"？可你是否想过你爱他们吗？问你一句"你爱他们，你又做了些什么呢"？其实抱怨父母不能给你带来什么实质的帮助，只会拉大距离。

从案例二中，我们可以看出，孩子得到家长的爱太容易了，就会漠视这种关怀，要强化孩子的"热心"行为。让孩子给上坡的三轮车助上一把力，把自己的新书送给贫困地区的学生，当孩子为正在发愁的妈妈送上一杯茶，当孩子出现这些"热心"行为的时候，及时进行表扬、鼓励。强化孩子"热心"行为的同时，就抑制了冷漠心态的生长。

案例三中，引出了这样的一个"早恋"问题，出现早恋问题，很大一部分原因还是家庭原因，有些是家庭不和谐，孩子在家里得不到温暖。还有一些原本不是早恋，只是正常的同学交往，结果家长、老师一知道点风吹草动，就视若洪水猛兽，结果会对孩子伤害很大，严重伤害孩子自尊心，使孩子走向两个极端，要不就是逆反心理导致真去早恋，要不就是从此后产生自卑心理，对孩子成长非常不利。

因此，家长应多和老师、孩子沟通，问题没有想象的那么严重。

沟通的形式需要多样化，这里介绍几种简单的、可操作的沟通形式：

1.定期家庭会议

家庭会议既可以是严肃的，也可以是游戏式的，它并不拘泥于形式和内容，只要是家庭内的事无论大小，都可以通过"会议"这一渠道来沟通来决定。关键是要全体参与，人人发表意见，因而它是平等的。为什么要定期呢？定期，容易渐渐成为家庭成员共有的习惯，成为家庭"惯例"。

2.有一本专门的对话本

这是一种纸上的对话，旨在交换意见和感受。用"留言"的形式应该对年龄稍大点的孩子是较为合适的、可以接受的。对含蓄的中国父母来说，不易口头探讨的诸如青春期的生理保健等等，用文字说明更方便些。之所以要用专门的本子，是为了平时可以"回顾"，将来可以"回味"。

3.书信交流

现在还有多少人会用书信交流？书信交流的一大好处是避免了面对面交流的压力,更能够把握分寸、更理性。用书信交流一般可以做到心平气和,思路清晰,内容完整。在书写中,思想被触动也将触动对方,心灵被净化也将净化对方——这是多么大的财富啊!

4.对一时不能达成共识的问题,先以微笑将其保留

国外的教育学家、心理学家经过认真研究,提出"微笑协商解决冲突"的方法:

第一步　分析确定冲突是什么;

第二步　分析判断冲突的实质是什么;

第三步　找出解决这一冲突的各种办法;

第四步　分析冲突一方不能接受的解决方法;

第五步　找出冲突双方都能接受的解决方法;

第六步　实践并检验调整双方能接受的解决方法。

随着社会经济的不断发展,人们的生活不断奔向小康,在物质生活逐渐丰富的时候,总感觉生活中还缺少点什么。不说工作上的种种压力,就说家庭内部特别是与孩子之间的关系,总感觉不是最令人满意。看着孩子的身体"噌噌"地长高,但与父母的话却越来越少,思来想去,与孩子之间缺少的正是交流与沟通。

俗话讲"口不开不知道你心里,门不开不知道你家里",而沟通正是架起了与孩子交流的桥梁。作为父母,我们应该认识了解沟通的作用,努力学习沟通,学好沟通,做孩子的朋友。

1. 放下架子,关心孩子

作为父母,不能把孩子看成是自己的私人财产,不能心情好时把孩子当宝贝,心情坏时把孩子当出气筒,生活工作不顺心,全写在脸上。其实每个孩子最终都要成为一个社会的"人",而不仅仅是家里的"人",父母在日常生活中必须放下架子,要善待孩子,体谅孩子,给孩子自信,努

力做孩子的知心朋友。要从生活上、学习上、思想上处处关心孩子，而不是溺爱他。

2. 换位思考，尊重孩子

自信的基础是自尊，孩子是在成人的尊重中学会做人，学会自尊的。

尊重孩子要学会换位思考，要设身处地为孩子着想。不能老拿成绩好的学生跟自己孩子比，否则会使他失去自信和自尊。假如孩子也拿别的比你成功的学生家长跟你比，你心里也一定不好过。在碰到问题时要平等地对待，不能居高临下，不能以势压人，不能要求孩子对自己的话言听计从。事实证明孩子对的，要肯定；自己说的、做的错了要及时向孩子道歉，不要担心这样会丧失做父母的威严。

3. 不断学习，提高自己

今天教育的对象不再限于孩子，我们每个人都面临着终身接受教育的问题，因此在今后，作为孩子的父母，也要不断学习，甚至也可向孩子学习。其实对教育孩子来说，我们有的是从父母那里学来的，比如勤俭节约、吃苦耐劳等；有的是从同事朋友那里学来的；有的是从书本新闻媒体中学来的，但这远远不够，作为父母只有不断丰富自己的知识，才能更好地与孩子沟通。

孩子是祖国的未来，把他培养成对社会有用的人，是我们每个父母应尽的义务和责任，而交流沟通则是填平"代沟"的最好"土石方"。那么，父母应该放下架子，关心、尊重、爱护孩子，用各种方式多与孩子沟通，同时要不断学习，提高自己的综合素质，才能成为孩子的知心朋友。

现实生活中学生和家长之间普遍缺少沟通，彼此间看法不同，想法不一，甚至压根就谈不到一块，时间一长，思想冲突，观念差异，双方便陷入僵局。这些现象的存在首先对家长是应该引起重视的，记得著名学者季羡林写了《牛棚杂忆》后，有年轻人，甚至有中年人瞪大眼睛，满脸疑云，表示出不理解的样子。是啊，两代人，生长在不同年代，环境、接受的事物都不同，这就需要用时间慢慢来，互相沟通，一点一滴，从"心"开始。

人与人之间需要沟通,孩子与家长之间也需要沟通,而且非常有必要。如果一味存在着"家长制"这种观念,"独裁"着孩子的人格,那么只会使相互间的距离越来越远,产生隔膜,容易使孩子产生自卑心理;过分的溺爱,会导致孩子没有耐心,脾气暴躁。因此,做一个"合格"的家长是件不容易的事。苏联教育实践家和理论家苏霍姆林斯基曾耐心诚恳地运用上帝一次次来访的传说故事来回答14岁好奇的女儿提出的关于"什么是爱情"的问题,还有钢琴家傅冲与父亲间的沟通,大家很熟悉的"傅雷家书"。其实,每个孩子都是愿意和自己的父母来沟通的,或许是由于你作家长的疏忽而导致孩子不愿和你沟通,你想过没有,当你的孩子正想和你沟通时,你是否用"没时间"来拒绝过,是否耐心地听完,是否认真地听? 这些都是导致沟通困难、失败的原因。虽是长辈,但家庭地位是平等的,起码是尊重,以朋友来相处,我是这么认为的,想必其他的家长朋友也有同感。一两次的聊天成为知己、朋友是不可能的,要有耐心,要看到优点、闪光点,世上没有完美的孩子,学会包容,包容缺点,学会赏识,赏识孩子,多赞美,少批评,俗话说:"好孩子是夸出来的。"当然,纠正关键性的缺点一定要注意场合,不注意场合的数落、批评不但没有效果,反而会伤了孩子的自尊,产生逆反心理,因此要考虑成熟后,选择机会来说。现在有许多所谓的"谈心室",这固然很好,可以帮助孩子认清是非,解除烦恼,打开心结,可家长为什么不争取做一位"知心大姐"或"知心大哥"? 问题是家长必须从观念上改变教育方法,随着孩子年龄的增大,来改变教育方式,这一点是需要与各位家长探讨的一个话题。

　　孙女士女儿小时候弹琴,孙女士会把这首曲子的内容、背景用故事形式讲解,既练曲子,又用故事激发兴趣,消除枯燥。从《十面埋伏》知道了刘邦、项羽的故事。随着知识的进展,现在是女儿给孙女士讲书中的事情了,孙女士曾开玩笑地说:"我们现在是站在山上的同一高度。"孩子学习的同时,家长也要尽可能地学习,提高自身素质,形成一种爱学习、求知识的家庭氛围。

父母是孩子的第一任老师，生活上的关心很重要，心灵上的沟通更重要，家长不妨站在孩子的位置来多思考问题，有调查表明更多的孩子需要他们的父母是一个有耐心、明智、通情达理的家长，家长也需要一个有适应力、有信心、体谅父母的孩子，这一切都离不开相互的沟通。

情景分析

情景描述1：孩子在面对成长中的烦恼时，不愿和父母、老师交流、沟通，就把自己的心里话写在日记本上面，这样一来，孩子与父母之间的距离就会越来越大，没有太多的共同话题，自然就会让孩子觉得父母是不理解自己的，在没有沟通的情况下，孩子害怕自己表达想法后，被父母无情地驳回，那样，处于青春期的孩子们会感觉伤自尊，索性就把自己保护起来。

情景描述2：在孩子求学的道路上，父母擅自对孩子未来的一种决断。无论是赞成还是反对，都要先与孩子沟通，听听孩子的想法，然后再做定夺。孩子要事先向父母表达自己的想法，让父母知道自己的意愿，才能更好地去交流，避免亲子之间产生矛盾。

即将进入初中的孩子大都处于青春期。现实中，很多青春期的孩子遇到了问题都不会向父母说。这种现象是很危险的，也值得每个父母深思。只要能够相互信任、畅通交流，父母就能及时了解孩子的想法，就能帮助他们找到解决问题的办法，就能引导他们修正自己的想法和行为，就能避免给孩子带来更多的影响。

中学生和父母之间不常沟通，正如我们之前所预料，它已蔓延在每个人的心中，形成一个漏洞，所以我们必须学会沟通，可喜的是，每个人都想沟通，沟通使人喜悦，心中的落寞将随风而散。

通过查找资料及相互讨论，我们归纳了以下八条中学生与父母沟通的办法。

1.主动交流

放学回家主动谈谈学校的事情，老师、同学、校园里的新鲜事……时间嘛,饭前饭后都可以。天气好的话,只要学习不太忙,和老爸老妈散散步,聊会儿天,那是父母最开心的时刻。高兴的事、烦心的事,和父母说说,听听他们的意见。

2.寻找机会

也许你会说,时间紧任务重,哪儿有心思扯闲天。但是,你没听说过——时间是海绵里的水吗?挤时间,和父母多沟通。打球、逛街、看电视……这时候总能说话吧?再不行,每周和父母一起共同做一件事,这总可以吧!机会总是有的,你要主动寻找!

3.认真倾听

"父母说的什么呀!"这话我听少年朋友说得多了!你也说过吧?满心的不服气,眼睛里是厌倦的目光,对不对?这可不行。父母批评你,甚至责骂你的时候,先不要急着反驳,试着听听父母的说法,说不定你会很快体会父母的苦心。

4.学会道歉

随着年龄的增长自我意识也在增强,你会认为自己是个大人了,也开始顾及自己的面子了。这没有错。但是如果明知是自己错了,就是不肯"服软",这会让父母很恼火的。很多时候家庭"战争"就"烽火连天"了。如果你错了,就不要逃避,更不能对父母"沉默是金"。只要主动道歉,你很快就会得到父母的谅解,一家人和和美美,那该有多好!

5.控制情绪

父母发脾气,自己躲着点;自己情绪不好,找点高兴的事做……学会控制情绪,避免顶嘴、发脾气的最好方法是:多做几个深呼吸、离开一会儿、甚至用冷水洗洗脸……要知道在发怒的情况下,任何事情都无法圆满解决,我们不要这样的结果,不是吗?

6.善于体谅

父母一定有错怪你的时候,就像你有时也会误解他们一样。可能错不在你,你特别委屈,可争辩也没有多大的用处。也许父母劳累过度,也许父母有他们无法承受的压力,或许他们遇到了很大麻烦……多多体谅为上。换个时间、选择好的方法,再与父母沟通,别忘了要给他们一些安慰。

7.学会负责

要想让父母知道自己长大了,最好的方法是学会负责任。大事可能还做不好,小事总可以呀!自己的事情自己做,学着洗碗、擦窗、打扫卫生。要是和父母一起做这些事,沟通就在共同劳动之中实现了。还有,学习不用父母担心,尽量体谅父母的难处……你若能做到这些,你和父母的关系还能不好吗?

8.讨论问题

遇事多和父母探讨,共同讨论,达成协议,会让许多事情变得简单起来。比如家里买了电脑,父母担心你玩物丧志,影响学习,你却要坚持每天上网。对这样的问题如能加以讨论,问题会很好解决。

其实,所有的事情都源于沟通,除此之外,沟通的前提,你要主动、乐意、适当和你父母说说你自己的想法、看法,你必须随时随地打心底地去体谅父母的苦衷;多坦白,多想着他们。

在家中,父母与我们之间容易产生矛盾和冲突,对此不能否认,不能漠视。积极的做法就是从现实中架起沟通的桥梁。沟通是双方的事,我们做子女的,要走近父母,亲近父母,努力化解矛盾,与父母携手同行。

当我们与父母发生矛盾时,首先要冷静下来,心平气和地与家长商量。商量就是沟通的过程。通过商量,看似冲突的事情就有了回旋的余地。沟通得好,我们就能得到父母的理解,甚至改变父母的主意使我们如愿以偿。

我们与父母进行沟通,其实是辨明是非、寻求最佳结果的过程。有效沟通要掌握基本要领。其中,彼此了解是前提,尊重理解是关键。理解父母的有效方法就是换位思考,沟通的结果要求同存异。父母是爱我们的,只要我们同样以爱的形式对待父母,沟通的障碍就会大大减少。

那么,怎样艺术地与父母交往呢?

赞赏父母,赞赏中增进亲情。父母对我们恩深似海,值得我们赞扬。赞美父母对我们的爱,他们会感到甜;赞美父母当年之勇,他们更开心。要学会真诚、得体地赞美父母,这是增进亲情的有效方法。

认真聆听,聆听中获得教益。说话是学问,听话也有艺术。与父母交谈,要先倾听,再倾诉。尤其在接受批评时,有错就承认,有理就委婉地说。在倾听中我们能体会出父母的心情、期望和用意。

在家庭交往中,与父母不必太计较。我们认了错,也不会丢面子,反而让我们丢掉包袱,得到更多的爱和快乐。

随着时代的发展、生活节奏的加快、竞争的激烈、环境的变迁等,社会对人才的需求量越来越高,这导致许多父母工作越来越忙碌,与孩子在一起的时间越来越少,并产生了望子成龙、望女成凤的思想。由于这种现象、思想的产生,许多父母与子女之间的关系发生了僵化,代沟日益加深。针对现在这种蔓延的现象,我们做了一个"中学生父母与子女之间沟通"的社会调查。

这次调查,我们针对不同的情况提出了不同的问题,共调查了100名中学生及100名学生家长,并分成了"子女篇"和"父母篇"两类调查卷。调查结果令人吃惊:有许多学生与家长之间存在着代沟,然而却全然不知!

"子女篇"和"父母篇"分别有六个问题。针对这些问题,我们进行了相应的分析。

子女篇:

问题一:你最欣赏父母的哪一点?

调查结果:这个问题有45%的学生回答"和蔼可亲""宽容""关心我""负责";有27.5%的学生表示"开放""有一些事让我自己做主";有5%的学生回答"我犯了错误给我讲道理";有22.5%的学生的答案则比较分散,如"父母不吵架""认真""学历高""美丽""幽默""吃苦耐劳"等。

分析:通过这个问题,可以看出绝大部分父母对孩子的关怀无微不至,也有一部分家长注重培养孩子的自立能力,还有一部分家长有着可以感染孩子的一些优点。这些都在促进着孩子的发展。但是,与此同时,还存在着相应的负面影响,有许多都是家长们始料未及的。这点是很具有"杀伤力"的。

问题二:你最反感父母的哪一点?

调查结果:这个问题的答案出奇地集中:有60%的学生回答"唠叨";有15%的学生回答"管得太严,不给自由";有15%的学生回答其他内容,如"看不起我""做事只有三分钟热度"等;有5%的学生回答"打人"。

分析:这个问题在很大的程度上反映着学生们的心理。由于许多家长存在着"恨铁不成钢"的心理,导致对孩子的生活方面很放松,什么事都帮孩子"包办",而在学习方面却格外严格,不给孩子留一丝自由、放松的时间。因为这种现象长期存在,所以学生们都产生了对父母"唠叨""事儿多"的评价。而家长们也由于事事都帮孩子干,产生了"我应该帮孩子做""孩子没有能力做"的想法。

问题三:你与父母沟通有哪些障碍?

调查结果:这个问题有40%的学生表示没有;有27.5%的学生回答性格影响;有20%的学生回答年龄障碍;有12.5%的学生回答"父母不理解自己,不愿意听我说话"。

分析:在这个问题上,大部分学生感觉没有沟通代沟。我们不能否认这里面有与父母之间不存在代沟的学生,以及"滥竽充数"的学生,但这里面很有可能有与父母存在代沟却浑然不知的学生。这是一件可怕的事情,因为如果不及时发现,会使代沟越来越深,关系越来越僵化。

除了这些表示"没有"的学生,表示存在其他问题的人的答案相对集中。我认为最可惜的是"父母不理睬",因为这一类的学生的家长完全可以倾听孩子说心里话,却由于自己认为"孩子与父母不平等"而对孩子不耐烦,错过了与孩子心灵沟通的机会。

问题四:你认为父母对你的哪一点不满意?

调查结果:这个问题有 37.5％ 的学生回答"学习方面";有 17.5％ 的学生回答"懒""不勤快";有 17.5％ 的学生回答其他内容,如"撒谎""马虎""调皮";有 27.5％ 的学生表示不清楚。

分析:通过这个问题,我们可以看出或许是家长对孩子学习方面的期望过高,大部分学生都认为父母对自己的学习情况不满意,而由于父母无微不至的关怀导致许多孩子认为自己很"懒"。这与父母对子女生活方面无微不至,学习方面要求苛刻有着直接关系。

问题五:你是怎样看你的父母的?

调查结果:这个问题有 60％ 的学生回答"很好";有 15％ 的学生回答"不满意";有 7.5％ 的学生回答"一般""时好时坏";有 12.5％ 的学生表示"没有想过"。

分析:这个问题表明虽然父母的要求严格,但是对孩子的关心还是不可否认的。通过此题可以看出,孩子们对父母的"苦口婆心"还是有一定的理解。

问题六:你对父母的建议。

调查结果:这个问题有 35％ 的学生希望父母能"给一些自由时间";有 17.5％ 的学生希望父母能"少唠叨些";有 7.5％ 的学生希望父母能"多听听自己的想法";有 15％ 的学生的答案则比较分散,如"不要拿学习说事""多鼓励,少责备"等。

分析:这个问题让学生们说出了自己的心声,与上面的问题形成了呼应,学生们都希望父母能对自己放得开一些,希望家长们也能满足孩子们的这个愿望,给孩子一个快乐的童年。

父母篇:

问题一:您最欣赏孩子的哪一点?

调查结果:这个问题有 50％ 的家长回答品德方面,以"善良""诚实"为主;有 25％ 的家长回答性格方面,以"活泼""开朗"为主;有 18.75％ 的家长回答"听话""懂事";有 18.75％ 的家长回答学习方面;有 12.5％ 的家长回答处事方面。

分析:通过此题可以看出,家长最注重的还是孩子的品德、性格方面。品德修养是成功的基础,对一个人的健康成长起着至关重要的作用。而性格也在一定的程度上决定着一个人的成败。

问题二:您最反感孩子的哪一点?

调查结果:这个问题有 25% 的家长回答"马虎""粗心";有 18.75% 的家长回答"不爱学习";有 12.5% 的家长回答"与大人顶嘴";有 12.5% 的家长回答"撒谎""不诚实";而剩下的 31.25% 的家长的回答则比较分散,如"没有上进心""缺乏计划"等。

分析:"粗心""马虎"成为了家长最反感的问题,这也成了我们很大的一个缺点,时时影响着我们的生活及学习。所以我们应该尽量改进它。

问题三:您与孩子沟通有哪些障碍?

调查结果:这个问题有 62.5% 的家长回答"没有障碍";其余 37.5% 的家长的答案很分散,如"逆反心理""性格差异"等。

分析:这道题表明大部分家长认为自己与孩子沟通没有障碍,可以很顺利地进行。这是一种很好的现象。可是通过他们在调查问卷上做出的其他答案可以看出,他们与孩子之间还是存在着代沟,只是他们没有发现。

问题四:您认为孩子对你的哪一点不满意?

调查结果:这个问题有 31.25% 的家长表示"不清楚";有 31.5% 的家长回答"自己的脾气";有 12.5% 的家长回答"管他(她)太严";有 12.5% 的家长回答"唠叨""空讲大道理";而 12.5% 的家长则回答"太爱干净""马虎"等。

分析:这个问题与"子女篇"的"问题二"相呼应。在上面的问题中,学生们表示自己最反感父母"唠叨",占足足 60%,而在这里大部分家长们认为是"自己的脾气",这与上题中学生们的答案还是有一定出入的。

由此看来,父母与子女之间的沟通还不够。

问题五:您是怎样看您的孩子的?

调查结果:这个问题有12.5%的家长回答"一点小毛病需要改正";而77.5%的家长全部回答"满意"。

分析:大部分家长都把自己的孩子当成"宝",认为自己的孩子是最棒的,这一点从这一道题上就可以体现出来。

问题六:你对孩子的建议。

调查结果:这个问题有50%的家长回答学习方面;有18.75%的家长回答做事方面;有12.5%的家长希望孩子能"多吃苦""独立";有18.75%的家长希望孩子能"克服缺点""健康成长"。

分析:通过这个问题可以看出家长们对学习很关心,大部分家长都希望孩子能在学习方面再有所改进。不过还可以反映一些家长对孩子学习的严格。

通过这次调查,我们看到了中学生与父母之间存在一定的代沟,我认为主要应分为以下几点:

1.中学生有了强烈的独立意识,而家长们认为孩子还是处于受保护阶段,所以父母不给自由,引起了孩子的不满。

2.由于青春期的中学生产生了特殊的心理,不愿意与家长沟通。

3.父母唠叨,啰唆,空讲大道理。

4.由于父母对独生子女不良习惯的培养,导致他们不能接受父母的话。

5.父母由于"看不起"孩子,而不愿意与孩子进行沟通。

6.不能换位思考。

7.性格差异。

8.年龄差异。

9.环境影响。

针对这些问题,我觉得应当做到以下几点:

①父母应当对孩子适当地放松一些，给他们一些自由，孩子的事尽量让孩子去处理。

②孩子应表现出一定的独立性，让家长们放心。

③孩子要尊敬父母，不要采取一些偏激行为；对于父母的一些人生经验应该重视，体会父母养育的艰辛。

④孩子（或家长）应通过谈心、讨论的方式与父母（或孩子）主动沟通，彼此互相理解，进行心灵的交流。

⑤中学生应尽量克服由于青春期而产生的特殊心理。

⑥年龄和性格不是代沟，两代人同样可以有共同语言，只要共同去寻找。

⑦与父母在某些问题上产生分歧时，应该客观地分析、评价自己与父母双方面的观点与出发点，去换位思考。

有效的沟通能使亲子矛盾缓解，并解决孩子出现的一系列问题。

1. 为什么沟通能解决矛盾？

什么是沟通？沟通是个体与个体之间的信息交流以及情感、需要、态度等心理因素的传递与交流，不是一般理解上的说话。

2. 爱和尊重是沟通的基础。

我们相信每个父母都爱自己的孩子，那为什么有的孩子感受不到父母的爱，也不爱父母呢？

这和爱的观念、方法有关。我们要建立新的观念。

爱和尊重是沟通的基础，我们中国人往往把爱建立在"孩子是我的，我是对的，我吃的盐比他吃的饭还多，他必须听我的"这样的基础上，这个观念也许在旧时代还行得通。但在 21 世纪的中国，在和国际接轨的今天，这种命令式的沟通方式成了沟通的障碍。新的观念是爱孩子要尊重孩子，把孩子当成一个独立的生命。爱和尊重生命是建立起有效沟通的基础。

如果我们把孩子看成一个独立的生命，能在尊重孩子的基础上去爱孩子，他就会享有快乐、自由、归属和力量，在这样的家庭环境中长大的孩子将是心理健康的孩子,在各方面是不会出现大的偏差的,迟早能有所作为的。

而家的一个重要的功能是什么?享受爱与被爱,得到尊重。

有句话印象很深,就是说我们伤害最深的一定是我们最亲的人。

中国人是含蓄的,是一个不善于表达爱的民族。特别是年龄偏大一些的人。

心理学家说爱有五种表达方式:(1)说出来;(2)身体语言如亲吻和拥抱、抚摸;(3)花时间在一起;(4)送礼物;(5)为对方做事这种方式,既适合亲子之间,也适合夫妻之间、朋友之间。

我们中国人和西方人不同的是我们用后三种比较多,也做得很好!西方人用前两种比较多。

比如我们的家长会给孩子洗衣服、做饭,甚至到18岁还在帮孩子盛饭,包揽一切家务。我们的家长会给孩子买最贵的衣服、鞋子。会除了上班就在家陪伴孩子,但我们不会用第一种、第二种方法。事实上在家庭中用前两种的效果却是最好的。有事半功倍的效果!

但在工作和生活中的伙伴,如果你用第一种或者是第二种方法会比较危险,因为会被他人反感,造成误会。而家庭成员之间,用这些方法是最好的加深感情的方法,也能让孩子感受到爱和尊重。

因为渴望被爱和尊重是人的基本心理需求,甚至可以说我们的一生都在为满足这种精神需求而努力。父母是孩子的第一任老师,有着权威的地位。所以父母的爱和尊重是我们特别盼望的,是我们成功的动力。只要父母不断地说孩子你真棒、你真行,孩子会感到一种被爱和尊重,会很有自信心,很开心,会更有力量去面对今后的生活。

一个身材矮小的女孩喜欢上了乒乓球,所有人都不看好她,但她的父亲对她说:"你很优秀,真的!"她后来成了世界冠军,她的名字叫邓亚萍。

美国通用电器公司首席执行官杰克·韦尔奇,在他的自传中说,自己的成功要归功于他的母亲。因为在他小时候,因为口吃而自卑,但他的母亲说:"孩子,这是你的嘴巴无法跟上你聪明的脑袋。"他认为,这是世界上迄今为止他听过的最美妙的话。

一句话也许可以成就一个人,也可以毁掉一个人。所以,如果你很少这样表达,如果你想你的孩子能够成功,请时常告诉你的孩子:你是我最爱的,你是我的骄傲!

而千万不要说:你最没用,最笨,你给我滚出去,我讨厌你。这样的话是加在孩子身上的棍棒,扎在孩子心里的针!当你这样说的时候,你用后三种方法所表达的爱,你的付出,将在孩子心中变得毫无意义。甚至有的孩子特别是叛逆期的孩子会说,你们不要生我出来好了,反正你们不爱我。这是孩子会离家出走、会早恋的重要原因。这也是为什么有的家长流着眼泪伤心地说"我们没有对他不好,我们把牛奶都拿到他的手边,就差喂到嘴里了,我们给他最好的吃穿,他怎么这么不懂事,不明白我们的苦心"的原因。因为他在父母这里无法满足被爱、被尊重的心理需求,他就通过其他的一些方式去满足,这在心理学上叫补偿,是一种自我防御机制。

爱孩子请每天说:你最棒,我爱你!

当然,有的家长说,我已经习惯挑孩子毛病了,都不知孩子有什么优点了,说真棒还真说不出来。其实这也是需要技巧的,就是要学会发现孩子的优点。

3. 学习沟通的技巧,建立有效的沟通。

不是所有的沟通都是有效的,有效的沟通有利于亲子关系,无效的沟通可能导致亲子关系的破坏。所以说沟通需要技巧而技巧需要学习。我们和我们的父母都要用心倾听,善于提问。莎士比亚在《哈姆雷特》中写道:"多给别人耳朵,少给别人声音。"可见倾听的重要。倾听的要素,是要用心聆听对方的语言,听出他所要表达的真正意思。

最后,让沟通成为我们生活重要的一部分。通过沟通我们将生活的"垃圾"扔掉,将心灵的"垃圾"扔掉,通过沟通我们一同带着爱、带着祝福、带着希望进入梦乡,并以平静的喜悦去迎接明天……

回音壁

当我们面对着成长中形形色色的事物时,你采取的是积极主动地面对呢,还是消极被动地逃避呢?在现如今的社会,只有我们勇敢地面对事物,才会得到更优质的回报。只要我们面对可以承受或是接纳的一切时,我们所有的问题也就迎刃而解了。读下面诗歌,谈谈你的感受。

十六岁的花季

吹着自在的口哨,开着自编的玩笑。

一千次地重复潇洒,把寂寞当作调料。

外面的天空好狭小,我的理想比天高。

外面的世界很宽阔,我什么都想知道。

在这多彩的季节里,编首歌唱给自己。

寻个梦感受心情,其实一切都是朦胧。

拥抱那朝阳,让希望飘扬!

第六章 其实,我是这样想

其实孩子的心里话最想对父母说,但作为父母,有多久没有听到孩子的心里话了?面对父母,孩子往往是相对无言、默默无语,问题到底出在哪里?教育离不开交流,交流离不开倾听。在交流的过程中,父母不仅是作为言说者以满足自我倾诉的需要,同时还是倾听者,以倾听来获得言说的基础与尺度。

明 镜 台

【案例一】

洋洋快到 5 岁了,有点内向,在幼儿园也是老师眼中的乖孩子,平时在家话比较多,但最近一年妈妈经常出差,洋洋都是由奶奶带着。奶奶说洋洋不爱说话了,妈妈也注意到洋洋心里有话,但有时不论怎么问,就是不说。妈妈与老师沟通过,老师说洋洋本来在幼儿园就是不爱说话的孩子,最近也没发生什么事情。妈妈很苦恼,这么小的孩子能有什么心事呢?

【案例二】

一个中学生的日记上这样写道:人,总是很贪心,父母当年没有好好学习,没有把握机会,却想着让我完成他们未竟的心愿。细想想,这不是典型的"己所不欲,却施于人"么?诚然,"望子成龙"的心本来也是可以理解的,但什么事都讲究水到渠成。平日里父母没有和我沟通,我压根不了解大人的内心世界,只是一味地说教,什么为了我着想,什么不上大学就没办法就业，一项顶帽子压下来，很可能最终的结果和父母最初的愿望适得其反。更有一些家长动辄拿邻家的孩子和自己的孩子比较，说谁谁又得第一了，为什么就没看到自己的孩子也在努力，比去年已经进步了不少？每个人的成长背景、现有资源都不相同，承担的历史使命自然也会有所不同，为什么一定要强求一律呢？

【案例三】

"孩子为啥不愿跟家长说心里话？"

"我姑娘从来不跟我说学校里的事，真是气死我了！"

"我的孩子就是不喜欢跟我聊天，我也不知道他一天到晚想的是什么，真不知该怎么教育他。"

"我也经常对孩子说：'有啥心里话都跟妈妈说。'可她就是从来也不说，还经常跟我对着干，您说该怎么办啊？"

智慧树

案例一中的小主人公把自己内心的话语藏起来，不说太多的想法。实际上，应该对父母说出自己的想法，只有父母了解了，才能合理地处理，那又何必为难自己在那儿藏着自己的心思，反而又让父母跟着着急呢？

案例二中这位中学生说出了自己的心里话，想用文字记录对父母在生活和学习中的不满。而父母之爱子，则为之计深远。给孩子提供好的环境，使其有渊博的知识固然重要，培养他们良好的心态更是必不可少。因为学无止境，而好的心态却可以让人以不变应万变。面对物质越来越丰富、困扰却越来越多的孩子们，我们真的应该多些换位，问问我们的孩子，他们究竟在想些什么？千万不要等羊丢了，再去补牢。因为我们只有这一只羊，如果丢了，再怎么补牢也是回不来的。

那么对于亲子之间的沟通,我们分点论述些许观点:

●关心学习是首要

经典句子摘录:

1.试卷下来不要急着看分数,要先和我讨论问题出在哪里。

2.不能考好吃肯德基,考差"吃"鸡毛掸。

3.在教第2、3、4遍的时候,要继续保持良好的态度,而不是说我笨、死脑筋。

4.在给我作业签字的时候,希望能够先仔细看看作业。

5.布置课外作业要适量。

据调查反馈,孩子们提到学习的是最多的,都认为合格家长首先应该关心自己的学习。对于家长给孩子布置的课外作业,许多孩子还是认可的,但认为要体谅学习的压力,不要布置太多。

●把握尺度才精彩

经典句子摘录:

1.不要打骂我,不要拉我耳朵。

2.对我们有紧有松,不能一直紧或一直松。

3.不能要求我们做最好的,我们努力就行了。

4.对我们要赏罚分明。

5.对我们不能太溺爱,要严格。

如何做到不打骂而又严格?如何确定赏和罚的界限?如何对孩子提适当的要求?这些都提醒我们把握好分寸的家长才是最具有智慧的。

●以身作则是关键

经典句子摘录:

1.每天都微笑。

2.不准说谎,不准说话不算数。

3.爸爸妈妈不吵架,不要拿我当出气筒。

4.早上不要睡懒觉,不要使我上学迟到,放学接送要及时,不要太迟。

5.不要磨磨蹭蹭,买东西要快。

6.不打麻将,不打牌。(很多孩子写了同样这一句)

我们希望孩子有较好的精神状态,有较高的办事效率,有良好的生活习惯,有高雅的兴趣爱好,有端正的品行作风,那么"以身作则是关键"。

● 平等对话促沟通

经典句子摘录:

1.家长要常常和我们谈心,帮孩子解开一些生活中的疑惑、问题,和我们一起分享学校中的乐事,分担生活学习中的烦恼,但不要把谈心变成套取孩子内心一些小秘密的手段。

2.有些事情要先搞清楚,再决定要不要批评我们。

3.空余时要和我们谈天,不要总是想着赚钱。

4.请按《未成年人保护法》办事。

5.理解我们,从孩子的角度出发考虑问题。

6.不要在别人面前说我们坏话。

7.对我们的思想、建议不能立刻否认,不然我们很可能会变得没有主见。

8.不准在家说这三句话"我没空!""我有事,不回来吃饭了!""去去去,大人们的事,你小鬼管什么,应该多管管你的学习!"

9.家长不能用"家长制",有时也要看看我们的兴趣。

沟通永远是亲子关系中的一个重要话题,的确,这个年龄的孩子,他们需要家长多陪同,有肌肤上的接触,往往可以达到情感上的沟通,满足他们的心理需求。

案例三中反映的是"孩子为啥不愿和家长说心里话"问题。如果孩子不肯跟家长说心里话,家长就无法了解孩子心里的真实想法,也就无法对孩子进行针对性的有效引导。当孩子不肯跟家长说心里话的时候,是亲子关系出现严重问题的时候。那这些孩子们是怎么了?为什么跟自己最亲的人也不能进行心与心的交流了呢?问题出在家长身上。类似于下面家长的几种做法是孩子向家长封闭心灵的主要原因:

1.对孩子缺乏信任。

调皮的儿子又在学校跟别人打架了,别人的家长打电话向妈妈告状。回到家,气急败坏的妈妈不问青红皂白就把儿子毒打一顿。当儿子想要辩解的时候,妈妈气不打一处来,吼道:"你还嘴硬,跟别人打架就不行! 说你多少遍了就是不听,天天让别人告状,真是气死我了!"儿子不再说话,只是恨恨地用眼睛瞪着妈妈。可能这次打架真的是别人先错,自己很委屈,但却没人想听自己说什么,心里便有一百个不服。这顿打把儿子的心与妈妈的心打得更远了。

一天,调皮的儿子对妈妈说自己肚子疼。妈妈这时刚接了一个告儿子状的电话,心里正生气。一听说儿子肚子疼,就大声训斥:"是不是跟别人打架打疼的? 疼也活该!"也许,这次孩子是真的生病了,却得不到任何人的同情。面对妈妈的不理解,如何让他平时和妈妈说出自己的心里话呢?

2.只需说学习,不许说杂事。

孩子是很乐意表达的,特别是小学低年级的孩子,他们喜欢把学校里发生的一切都告诉家长,让父母跟他们一起分享快乐,分担痛苦。当孩子谈到课堂上学了什么的时候,家长听得津津有味。可当孩子说到与小朋友之间发生的小矛盾时,便有家长不耐烦了:"你一天到晚就是叨叨这些个破事,能不能说说学习的事啊!"时间久了,孩子心里的疙瘩解不开,学习也没兴趣,成绩下降。家长又开始拿学习说事,不停地唠叨让孩子心烦意乱,又怎能期望他会跟家长说心里话呢?

3.张口就指责。

当孩子向家长说学校里的琐事时,家长一听到孩子做得不对的地方就忍不住指责教育一番。孩子要辩解,家长又免不了要长篇大论地说教。孩子见状便没了说的兴趣。

4.说话不算数。

"你再不听话,我就不要你了!"

"你再打架,我就把你的腿打断!"

这么吓人的话,孩子第一次听到的时候一定是害怕的,也会老实几天。但调皮的天性使他又忍不住犯了同样的错误,父母最严厉的惩罚也是毒打一顿罢了,并没有不要自己,也没有把自己的腿打断。时间长了,孩子便知道家长只是那样说说而已,并不是真的那么做。在孩子的心里,家长说话是不算话的。

5.期望值过高。

独生子女的家庭让很多父母对孩子有过高的期望。看见别人的孩子会作诗了,自己的孩子还没啥感觉,就心急如焚,常常唠叨自己的孩子太笨;为了让孩子更出色,很多妈妈丢掉自己的事业,专职陪孩子学习,一天到晚围着孩子转,看见孩子玩心里就着急,忍不住要提醒孩子该学习了。孩子每天都感受着家长这样强烈的"爱",日久天长,心中便产生压抑之感,心情自然无法舒畅,学习效果可想而知。面对那一双时刻监视他的眼睛,他又怎能提起跟家长说心里话的兴趣呢?

怎样融洽亲子关系,让孩子与家长无话不谈呢?

1.学会倾听

不管孩子说什么,家长首先要做个好听众,眼睛看着孩子的眼睛,耐心倾听孩子说些什么。即便是孩子说得很没有道理,也要请他说完后,再提建议。这样做会让孩子感觉到自己的话很受家长的重视,他对你就会产生信任,就容易跟你讲心里话了。你耐心倾听的样子,也在不经意间影响着他,等你和他讲话的时候,他也会学你的样子看着你的眼睛用心听了。

2.学会理解

孩子和别人闹矛盾时，多数都会感觉到自己是对的，别人是错的。当他向你叙述完事情的经过时，不要忙着指出他错在哪里，这不是孩子想要的。听完后，先从孩子的角度理解他，支持他，和他站到一条战线上，指出他做得对的地方，也说一说别人做得不对的地方。孩子听后会感到家长是理解自己的，心里就向家长走近了一步。这时候，再心平气和地和孩子一起分析如果再发生这样的事怎样处理会更好；站在别人的角度看，自己做得是不是有不合适的地方。家长这样处理，会让孩子感觉到家长是来帮助自己的，而不是指责自己的，以后有什么心里话他都愿意跟家长说一说了。

3.学会包容

我们每个人都无法做到十全十美，更何况孩子呢？成长中的孩子年龄小，经验少，会经常犯些小错误的，这是一种很正常的现象。当孩子犯了错误时，家长要就事论事，找到处理的具体办法，千万不要随意给孩子贴标签，批评孩子的品格。比如有孩子打架了，家长就说他是个坏孩子；有孩子撒了一次谎，就说他是个不诚实的孩子等等。孩子对自己的认识，主要来自于老师、家长和同伴。殊不知你这样的一句话，在孩子的心里造成的伤害有多大。这让他也会不相信自己能变好。不管孩子犯了什么错，家长要学会包容，要让孩子相信，谁都会犯错，只要改正了都是好孩子。表扬他以前做的一件善事，让他相信自己能变成真正的好孩子，这很重要。

4.学会和气

语气决定态度。同样一句话，如果语气不同，得到的效果就迥然不同。孩子的心是最敏感的，他能从家长的语气中辨别出你是真的对他好还是别有用意。有时候，家长自己觉得，我说的话明明为孩子着想，而孩子却不领情；有家长平日对孩子太凶，偶然一日想夸夸孩子，孩子却说："你别来这一套，我知道你心里想的什么！"家长如果学会心平气和地并真诚地和孩子交流,就会让孩子感受到真正的家的温暖,喜欢一个人,才会把心里话说给他听啊。

5.平等相处

家长与孩子如果真能做到平等相处,就很容易成为朋友,孩子就喜欢跟家长说心里话了。有的家长总是高高在上,孩子有了错横加指责,自己犯了错却不让孩子说一句。这样一来,孩子感觉不到平等,心里就不平衡,不听家长的话是避免不了的。在家里,孩子和家长一起协商制订几条家规,约束自己的不良行为,当有人违犯的时候,不管是谁,用家规处理。孩子和家长是平等的,坏习惯就会得到较好的更正。谁都有犯错的时候,家长也不例外。放下家长的架子,和孩子平等相处,就容易走进孩子的心灵。

孩子的心理发展是一个漫长的过程,对孩子的每一个阶段都要施以必要的关注。案例一中洋洋的情况主要就是因为奶奶缺少与洋洋的交流,只是保证了孩子生活上的需要,没有或很少考虑孩子的心理需要。而妈妈由于忙于工作也忽略了与他的沟通,他心里渴望与妈妈交流,但又不确定妈妈是否有耐心听,是否有时间听,慢慢地,洋洋就不爱说话了。

家长与孩子之间的亲子沟通对于孩子的社会性发展起着重要的作用。孩子的行为、态度、价值观受家庭的影响很大,孩子与家长的沟通方式直接关系着家庭氛围,孩子与家长之间的沟通内容直接关系着孩子的认知、行为、情感等方面的发展。亲子之间能比较和谐地沟通,就能避免出现一些孩子的情绪问题、行为问题。越来越多的中小学生表现出与家长沟通有障碍,那么从小关注与孩子的沟通,与孩子平等沟通,养成沟通的习惯,就会有效避免以后出现在亲子间的代沟。

家长在与孩子沟通时,可以有效使用以下一些办法:

固定"聊天时间":家长要养成与孩子聊天的习惯,可以在每天的睡前,躺在床上,让孩子说说今天在学校都发生了什么事,有什么高兴事儿,有什么不高兴的事儿。孩子的表述过程就是一个很好的概括归纳过程,同时家长也能从孩子的表述中了解到孩子在幼儿园都发生了什么事,对孩子在幼儿园的情况有所了解,也能保证及时了解孩子的心理需求。对于孩子的心理变化也能通过与孩子每天的聊天有所洞悉。

注重"身体语言"沟通:孩子与家长之间的交流可以用身体语言进行,抱一抱、亲一下、一个赞赏的眼神都是孩子需要的。美国的人类学家在研究人与人的沟通时发现,孩子在表达感情时,更偏重使用身体语言。即使有时家长没有长时间与孩子沟通,也要用身体语言告诉孩子"妈妈是爱你的","妈妈在关注着你"。

保持一颗"倾听的心":家长与孩子沟通不良的一个很重要的原因,是由于家长过于主观,不考虑孩子的想法和需要,也没有静下心来去倾听孩子的真实想法。孩子的想法有时是有他的道理的。家长应该用问答的方式了解孩子的想法,而不是指责、批评。以宽容、鼓励的心态来听一听孩子的内心表白,能让孩子感觉到家长对待自己的平等态度,孩子也就更乐于将自己的心里话说出来。

减少不良沟通方法:在亲子沟通的过程中,有许多影响沟通的方法,家长由于是沟通过程的主动一方,往往会意识不到自己的做法是错误的。如经常指责、埋怨孩子,认为孩子做的总是不对的;对待孩子的问题经常是啰唆、打岔,一个问题没解决,却想起孩子的一堆"不是";对待孩子过于理智,凡事都要问个究竟,没有考虑孩子自己的空间和隐私。

要想让孩子和你讲心里话,重要的一点,就是要善于倾听才行。

孩子不跟父母讲心里话,要论原因,一大半在于家长。

从孩子的角度说,有人倾听自己,关注自己,那是最大的安慰。任何一个孩子,都有这种心理需要。可我们有些家长,似乎不太懂得孩子的这种心理需要,孩子一说什么,不是漠不关心,就是加以嘲笑,如此孩子怎么会不关闭自己心灵的闸门呢?

怎样倾听孩子的话呢?

第一，不要冲动、武断。一般讲，孩子有好事都愿和父母讲。孩子遇上挫折，或是有了苦恼，才不愿和父母讲，其实，这也是家长造成的。一讲好事，家长就高兴；一讲坏事，家长就冲动。久而久之，孩子便学会不和家长讲心里话了。因此，家长一定要冷静，比如孩子回家说："妈，老师让您明天到学校去一趟。"如果家长一听就冲动上了："又出了什么事？是不是考试不及格，你又给我丢人了……"那么，孩子自然不会信任你；如果家长平静如初地说："知道了。"去了以后回来再和孩子谈，孩子自然会信任你，觉得好事坏事，家长都可以接受。

第二，要注意自己的表情和体态。表情是一种语言，体态也是一种语言。如果孩子在说话时，你面无表情，或是背对着孩子，孩子恐怕以后不会跟你讲心里话了。因此，家长应表情柔和、平静，眼睛看着孩子，或坐下来，面对着孩子，身体微微前倾。这样，孩子才有情绪和你讲他那小心眼里的苦恼和欢乐。

第三，在孩子说话的过程中，家长不仅要肯定地关注，还应不停地点头；或是用"嗯""是的"一类的话语来表示自己在认真地听。在孩子刚开始叙述时，家长更应停下手里的事，关注他。比如孩子说："今天我特生气……"家长便应停下来问他："是吗？什么事情让你生气呢？"引导孩子说下去。

第四，孩子说得太简单或不清楚时，可以平静地提几个问题。比如，孩子说："某老师讨厌我。"但又说不清楚，你便可以平静地问孩子："你怎么会得出这个结论？举几个例子看看。"引导孩子把事情说清楚、说具体。千万不要训斥孩子："什么事情都说不清楚！"或是着急，用"到底出了什么事情？"那样的话，孩子以后也害怕和你讲心里话。

情景屋

情景描述：孩子不愿在父母面前表现真实的自己，不愿意把心里话跟父母说出来，父母只是觉得孩子依然是从前儿时一样的听话，或许会忽视孩子的心理感受,而孩子觉得自己长大了。

处在青春期孩子的想法是慢慢在趋向成熟,在这个阶段,孩子内心具有愈发强烈的独立性,觉得父母的思想不能够和自己吻合。但是作为我们青少年,并没有意识到与父母沟通的重要性,它不仅仅可以增进亲子之间的感情,更可以让自己的心声发放到最至亲的人的心里,多一个与我们一同分享喜怒哀乐的人,乐而不为呢?在父母理解我们的时候,我们说出自己的心里话,是让父母知道我们已经趋向成年人,思想是在慢慢走向成熟的阶段,可以增进父母与我们的距离。在父母不理解我们的时候,我们更要表达自己的想法,婉转地与父母沟通,看看意见不同的分歧在哪里,找到问题的根源,然后和父母一起寻找解决问题的方法。这样不仅与父母之间没有了所谓的隔阂,更使双方的内心得到安慰,能够彼此满足内心的需求。

中学时期是人一生中生理和心理变化最大的特殊时期,初一时的小不点儿,两三年之内会变得高高大大。因而会有许许多多因为身心变化而引起的不适、困惑和烦恼。这种成长的烦躁,对大多数学生而言,只感觉一种无名的、不可轻易告诉别人的烦恼。如果家长和老师不能细心观察并及时发现和疏导学生成长的烦躁和苦闷,往往会使学生错过最佳发展期,甚至会因为一时的疏忽,影响学生一辈子的成长。

因此,在日常的生活学习中,孩子要向父母畅所欲言地说出心里话,父母要把孩子的行为,尤其是一些"反常的行为"与孩子的年龄特征,与常人的需要相联系,从而更好地理解、引导和教育我们的孩子,使他们更健康地成长。

一、初中学生的年龄特点

中学生正处于个体身心发展的重要时期。处于青春发育期的中学生,生理上剧烈变化,心理上迅速发展。这是一个半幼稚半成熟的时期,是独立性和依赖性、自觉性和幼稚性错综矛盾的时期,是一个需要用心呵护、细心关怀的特殊时期。

二、当前初中学生的心理健康状况

现在的中学生已多为独生子女。一方面,社会生活水平普遍提高,家庭物质条件宽裕。从物质方面来讲,一个个都是家中"说一不二"的人物。从孩子记事起,物质上的要求几乎是有求必应。哪怕家庭经济条件并不优越,家长宁可自己节衣缩食,也不愿自己的孩子只是去羡慕别人的东西。久而久之,不少中学生形成了以自我为中心、唯我独尊的任性性格。他们独立性较差,依赖性较强,只能适应顺境,受不得委屈或挫折,遇到困难茫然失措,情绪极不稳定。另一方面,由于在家里没有兄弟姐妹可以无话不谈,没有毫无顾虑的手足之情可以寄托,再加上家长"保护"孩子的"封闭式"教育,"望子成龙,望女成凤"的高期望,沉重的课业负担、激烈的学习和升学竞争,使我们的中学生成了"幸福的苦孩子"。他们是幸福的,因为大家都说现在的孩子不愁吃、不愁穿,还有良好的学习环境。他们无须担心买不起书包,买不起书本,甚至没有课桌。他们更不必要像古人那样,为了学习而"凿壁偷光"。只要肯读书,什么条件都可以满足。但是,现在的孩子在"幸福"的外衣下其实是相当苦的。他们的心理承受着巨大的精神压力。他们物质生活优越,心里却相当贫乏。这也许就是现在衣食无忧的孩子们根本不感觉自己是幸福的原因。尤其是初中学生,他们一天到晚面对的是书本,是作业,还有做不完的卷子。他们缺少学生应有的游戏和玩耍,他们被书本和老师"剥夺"了大多数的童年乐趣。当前中学生在成长过程中的烦恼,也就是说学生的心理健康问题,是不容乐观的,应该引起初中学生家长的高度重视。

三、探析中学生的亲子沟通

初中学生由于生理的变化而引起的心理的烦恼是非常普遍的。但是,他们因烦恼所表现出的行为却是不确定的。最常见的有以下几种情况:

(一)影响初中生与父母进行亲子沟通的不利因素

在家庭中,父母与子女之间的关系决定着他们教育的成败。而父母教育子女的最基本形式,就是与孩子进行沟通。可以说,亲子沟通是家庭教育的基础,也是实现家庭教育功能的重要方式之一。初中阶段是人生最关键的时期之一,而初中生是处于半幼稚半成熟、独立性和依赖性、自觉性和幼稚性错综矛盾的时期,也是探索自我同一性的重要时期。进入青春期后,初中生要求独立的愿望和倾向日益明显,而父母还没有能够从"儿童时期的父母角色"——比较单纯的保护和控制中转变过来,初中生也还没有学会如何向父母表达自己的想法和愿望,父母与子女之间的这种差异造成了沟通上的困难。影响初中生与父母进行亲子沟通的不利因素有以下几个方面:

1.青春期阶段初中生生理和心理的急剧变化

孩子步入青春期,其身体形态的变化最为明显,在外形上已经接近成人,这就使青少年增加了许多心理体验。青春期对心理发展起很大作用的另一个生理因素是性的成熟,由于生理上的成熟,青少年产生了成人感,具有强烈的独立意识,他们认为自己的事自己就能解决,根本无须别人插手,即使是自己的父母。另外,初中生的叛逆性,使他们渴望自己能被别人重视,但又不想按照以前的规矩来改变自己,生活中往往与家长唱反调,以显示自己不再是个"小孩"了,如果家长加以约束,就会产生反抗。

2.父母不了解孩子身心发展的特点

许多家长望子成才,但却不了解孩子上述的心理变化,特别是不能理解他们对独立的渴求,依然用对待小孩子的态度对他们,对孩子的成长表现出过分的担心与不安,使孩子希望独立、希望被尊重的需求得不到满足。孩子与父母之间产生代沟与矛盾,从而导致心理失衡,诱发种种心理问题。

3.父母工作忙,亲子沟通的时间偏少

一方面由于社会竞争日益激烈,家长也需要在业余时间不断地充电,他们很少注意到孩子的变化,很少关心孩子。他们只知道要赚钱养活孩子,供孩子吃穿、上学,已经是最好的表达方式;另一方面到了初中阶段,由于升学的压力致使家长、孩子、学校都不得松懈,孩子在家里要花较多的时间用于做作业,以致与家长交流的时间和机会偏少。但是从青春期少年的发展来说,期间他们最需要与家长沟通,需要得到父母多方面的关注与引导,而现实却满足不了这种需要。

4.不善于倾听,没有掌握相应的沟通技巧

在亲子沟通中,相当多的家长是不合格的倾听者。他们倾听时往往过分关注孩子所讲的是否与自己的想法一致,没有耐心听完就下断言;或认为孩子所说的是琐事,而心不在焉地听;或当孩子遭遇失败时,难以心平气和,往往不等到孩子张口,就开始埋怨、训斥甚至挖苦,迫使孩子接受自己的意见。家长处理亲子间的矛盾和分歧的方式方法也较单一,缺少深层次的客观分析和科学沟通,往往只停留在简单的说理和生硬的说教这一层面上。以上种种处理方式都会使孩子感到不被理解,造成沟通受阻。

(二)提升初中生沟通技巧,加强与父母的亲子沟通

初中,是学生的少年时代,初中生的年龄一般在 12、13 岁至 15、16 岁,这是个充满梦幻的年龄。这一时期的少年"一半是儿童,一半是青年",幼稚与成熟并存。研究发现,初中生与父母的冲突和不一致呈增加趋势,而与父母的亲密感及凝聚感呈下降趋势。在人生旅途中这一个特殊的时期,初中生应怎样处理与父母之间的关系呢?

首先,初中生应形成正确的自我认识,愉快接纳自己和他人。每位初中生应有自知之明,充分了解自己,不过高估计自己,也不贬低自己,正确寻找自己的位置和差异,认识自己的特长和优势,努力表现和发展自我,从而树立信心,确立合理的目标,积极上进。只有正确地认识自我、接纳自我,才能减少心理的冲突,保持心理平衡,愉快地与他人相处,与父母建立良好的亲子关系,从而促进心理健康发展。

其次,主动与父母沟通,缩短感情距离。由于父母和我们在生活环境、社会责任、社会地位上的差别,在思想、观念、行为方式等方面有较大的不同。上代人往往比较传统、实际、保守,原则性强,思考全面,顾虑

多;而年轻人则较多地与时代接轨,开放、易接纳新事物。作为子女,我们应主动与父母沟通,可通过谈心、讨论等方式,增进彼此间相互了解,取得信任,达到感情和心灵的融洽,彼此也就可以跨越代沟了。

再次,艺术化地处理与父母的分歧和矛盾。当与父母在某些问题上产生分歧时,不要一味地抱怨父母不理解自己,不了解当代中学生的心理特点和需求。应该客观地分析、评价自己与父母双方面的观点与出发点,心平气和地承认自己的不足与错误,欣然接受父母的合理化建议。即使自己的要求是合理的,意见是正确的,也不要和父母进行言语的冲撞,而是要学会"换位思考",尽力站在父母的角度理解父母,并通过协商、冷静处理等方法技巧性地解决分歧和冲突。

最后,把一些小技巧推荐给初中生朋友。(1)控制情绪。与父母沟通不良时,不随意发脾气、顶嘴,避免不小心说出或做出伤害父母的话或事。想要动怒时,可以深呼吸,离开一会,或用凉水先洗把脸。(2)承担责任。在做好自己事情的同时,主动分担家庭的一些责任,比如洗碗、倒垃圾、擦窗等,趁机还可以跟爸爸妈妈聊聊天。

(三)改变父母传统教育模式,建立新型亲子关系

家长朋友们,您是否对你的孩子说过这样的话?对孩子行为上的指示和命令有:"快起床!都快六点了!别晚了!""快点!""快吃饭,多吃点!""上课别说话,注意听讲!""路上注意安全!看着点车!""快睡觉吧,明天又该起晚了!""把电视关了,有什么好看的!""这个星期天哪儿都不能去,在家给我学习。"

对孩子情感上的辱骂批评话语有:"天天伺候你,你也真够不争气的了!你要是有某某某的一半我也没白受累!""怎么又考这么点分,不是这道题错就是那道题错,你什么时候才能十全十美?""你能不能为自己争点气,为家长争点光!""现在不好好学习,将来谁养活你?""嘴皮子都磨破了,你怎么就不长记性!""你什么时候才能让我省心呢?"

如果有,就请您按照如下建议做出改变吧。

1.转变教育观念,改变教养方式

初中生与父母的良好关系通常是在父母坚持民主教育方式时形成的。现代家庭教育要求父母尊重孩子的个性和自尊心,不随意否定孩子的言行,正确对待孩子的错误,进行赏识教育。"数子十过,不如奖子一长",多用鼓励的方法培养他们的自信心,多指导他们"该怎样做",少批评他们"不该怎样做"。常与子女进行"朋友式"的沟通与交流,鼓励子女发表自己的独到见解,从而与子女建立起良好的沟通关系。

2.慎用家庭惩罚,把握好教育时机

社会心理学研究表明,父母使用严厉惩罚往往导致孩子具有很强的攻击性。教育孩子的最佳时机,通常是在奖励或惩罚之后。受到奖励后,孩子的身心倾向于肯定,最容易接受父母的教导。受到惩罚时,一种情况是因惩罚而产生消极的甚至对抗的情绪,此时不及时疏导,就可能潜伏不良后果;另一种情况是,孩子"锐气顿减",显得格外顺从,这就给父母提供了谈话的机会。因此,我们提倡父母在惩罚后,能做好相应的善后措施。

3.培养孩子的"自立"生活能力

满足少年子女独立性的需要,让他们自立生活这是与少年子女搞好关系的手段之一。譬如,培养初中生的社交能力,让他们代表父母与亲朋好友交往,使他们产生独立交际的勇气和长大成人的自豪感;学习方面,父母要指导他们自己安排学习计划、写好日记,帮助他们总结学习经验。但是初中生由于是从幼稚向成熟过渡,父母放手让他们独立,却不能撒手不管,而要时刻注意他们在独立自主生活中遇到的挫折,特别是在挫折困难面前产生苦恼时更要给予鼓励,教给他们处理困难、克服苦恼的方法。

4.学习和子女沟通的方法和技巧

倾听是家长应对青春期亲子沟通受阻的最佳方式。首先父母要耐心倾听。对成长中的孩子来讲,他们在成长过程中所体会的种种变化和感受是非常希望与值得信赖的人去分享的。若是家长能全神贯注地听,并对他的话表现出极大的兴趣,孩子就会强烈地感受到自己被尊重,满足了这一时期强烈渴望尊重的心理需要。如当孩子遇到挫折,并有消极的想法时,家长不必急于讲道理,应以情感表达为重,可以说"说真的,这件事换成我也不好受"、"这对你来说确实不容易"、"我能理解你此时的感受"等。当家长做出这样的反应时,孩子感到了被理解和支持,就会尽情倾诉内心的苦闷。其次,父母要调整心态,宽容异见。这就要求家长克服"自我中心"意识、权威意识,以平等的心态去接受孩子的观点。在全面接受到信息之后,再以商讨的方式与孩子交换意见,帮助孩子澄清成长中的一些问题。最后,父母要注意非言语活动在沟通中扮演的重要角色。就父母而言,表示积极倾听的非言语行为主要包括:使用积极的目光接触、展现赞许性点头和恰当的面部表情、避免分心的举动。这些肢体语言的恰当运用,会让孩子时刻感受到父母的爱和尊重。

沟通在现代社会中越来越发挥其重要的功能。人与人之间,尤其是父母与子女之间,更需要沟通,需要相互了解。只有父母和孩子共同改变,才能促进亲子沟通的发展,打造和谐的亲子关系。

下面的调查在一定程度上可以说明当今中学生的心理健康状况:(注:被试学生数为51人)

调查内容	是	不是	不详
1.你认为父母应在生活上无微不至地关怀你吗?	33	9	9
2.你认为你已经完全有能力处理自己的事情吗	26	4	21
3.你认为异性间的交往有必要吗?	39	3	9
4.你认为你的学习已经尽力了吗?	21	24	6
5.你希望有异性朋友吗?	28	13	10
6.你能够冷静地对待别人的"挑战"吗?	18	29	4
7.你觉得父母应该更好地理解你吗?	23	10	18

心理学家罗杰斯认为,人的本质是好的,是诚实的、善良的、可信赖

的,并且这些都是与生俱来的,而某些恶的特性则是由于防御的结果而非出自本性。若在良好的环境下让他的潜质自由地发展,将会是健康的并具有建设性的。这充分说明教育的重要性和必要性。因此,当我们发现我们的中学生出现这样或那样的成长烦恼时,作为家长,从人性的角度出发,在严格要求孩子的学习、充分挖掘学习的潜力的同时,更要重视孩子作为一个普通的、成长中的人所需要的感情的索取和宣泄。从他们的角度去理解他们心里的痛苦和烦恼。尊重孩子,正视孩子的行为,并且给予细心的关怀和指导。

中学生与父母进行沟通,其实是辨明是非,寻求最佳结果的过程。有效沟通要掌握以下基本要领:

1.了解是前提。了解父母,沟通就有主动权。知道父母怎么想,怎样处世,有什么兴趣爱好,是什么脾气秉性,对我们有什么期望,我们与他们沟通就有了预见性和主动权。

2.尊重理解是关键。尊重是与父母交往的基本要求。如果连最爱自己、对自己付出最多的人都不尊重,就失去了最起码的道德。与父母正常沟通首先要理解父母,理解其心情,尊重其意愿,还要讲求基本的礼貌,不能任性。

3.理解父母的有效方法是换位思考。当我们不理解父母、与父母冲突的时候,要学会换位思考,替他们想一想,了解他们是为了什么,有什么想法,有什么道理。这会使我们变得更加冷静和理智。

4.沟通的结果要求同存异。沟通不要走极端,两代人之间毕竟存在差异,难免有不同的观点、动机和行为方式。正因为有分歧,所以才要沟通。这种沟通,不一定非要统一不可,而要求同存异。找到同,我们就有了共同的语言和行动;保存异,就是保存对父母的尊重和理解。

另外,我们要克服闭锁心理,向父母传递有关自己的信息和情况,表达自己的心情,说出自己的意见,让父母了解自己。我们要保持自己的独立性,但不要忽略与父母的交流与沟通。与父母发生矛盾时,要耐心解释,让父母听得进,以得到他们对自己的理解。解释时说话要低声调,斟酌词句,有商有量。即使父母不对,也要就事论事,不对父母本人,更不能迁怒于父母。

不管怎么说,长辈也是从我们这个年龄走过来的,他们也经历过"疾风骤雨"时期,以他们几十年的人生经历,看问题要成熟得多。我们在慢慢长大,应该学着独立,但独立和成熟有个过程,不是突然的。要经常坐下来,跟爸爸谈谈你在学校的情况,跟妈妈谈谈你遇到的烦恼,这样父母也会诚恳地与你交谈,从中你可以得到很多有益的启示。不要认为跟父母谈心是"没长大",善于沟通正是你越来越成熟、独立的表现。在交流沟通中,说不定父母也会受到你的影响,接受一些年轻人认可的新生事物,那样,会无意中缩小代沟,增进家庭亲情。父母是爱我们的,只要我们同样以爱的方式对待父母,沟通的障碍就会大大减少。

所谓沟通,是让彼此明白对方的心意及表达自己想法的一种方法。不同方式的表达会令人产生不同的看法。要和父母有良好的沟通,先要对他们有所了解,这样可以知道父母的生活细节以增加话题,同时可以增加亲子间的沟通默契。

回音壁

本来活泼开朗的孩子,随着年龄的不断增大,尤其上初中后,变得不肯把心里话告诉父母了。孩子不肯与父母讲心里话有孩子本身的问题,也有家长方面的问题。随着年龄的增长,自我意识增强,孩子对沟通的对象的选择性也日渐增强,尤其表现在与父母"话少",而与知心朋友"话多"。做父母的,必须了解孩子的这一特点,懂得他们的心理需要,如果只是一味要求孩子对自己敞开心扉,事情常常容易走向反面。

怎么才能使孩子肯向父母说出心里话呢?试建议如下:

1.父母要学会尊重孩子。面对自我意识越来越强的孩子,为人父母者一定要注意保护他们的自尊心。苏联教育家苏霍姆林斯基曾指出:

"儿童的尊严是人类心灵里敏感的角落,保护儿童的自尊心就是保护儿童前进的潜在力量。"因此,家长可以问一问自己,在孩子面前有没有只顾维护自己的尊严,而居高临下地训斥指责甚至奚落自己的孩子的现象?它只会伤害孩子幼小的心灵。家长如果平时能经常采用平等、商量的口吻与孩子沟通、交流,会使孩子有一种平等感、亲切感,他们就愿意把心里话告诉父母。

2.学会耐心倾听孩子说话。它能缩短两代人的距离,使孩子愿意与家长交谈。须知,成长过程中的孩子思维活跃但不成熟,语言的表达能力也正处在初级阶段,他们在表述自己的一些朦朦胧胧的想法时,往往词不达意,说不到点子上去,有时甚至出现一些幼稚乃至不正确的想法。这时孩子最需要的是倾听者的耐心鼓励和帮助。如果孩子在说话时经常察觉到父母似听非听、毫不耐烦的神态,甚至否定指责的态度,就会感到跟你们大人没什么好说的,下次还是不说为好。

3.多一点与孩子交谈的时间。家长想了解孩子的内心世界,就要舍得花时间去交谈。有的家长只要孩子埋头读书,以为互相谈谈话是浪费时间,影响学习。于是孩子与父母虽然生活在一起,却是一个忙于做功课,一个忙于做家务,大家各管各的,就很少有感情的交流。即便是饭后茶余,让孩子讲讲班级里发生的事情,也有利于两代人的沟通,孩子愿意与家长交谈了,父母也就能听到孩子的心里话了。

第七章 沟通的弊病

孩子长到十三四岁,做父母的看着孩子那发育良好的体魄,感到由衷的欣慰。然而,常常听到一些家长这样说:"我的孩子什么也不和我讲,问多了,他还嫌烦……"这的确是父母们十分苦恼的事。孩子为什么不爱和父母说心里话呢?这与孩子的心理发展规律有关,也与父母的心理状况有关。在过去的十几年里,做父母的已经习惯于孩子对自己的依赖,同时,也习惯于对孩子提要求,让孩子按要求去做。有些父母甚至认为"我教你听,是天经地义的"。随着孩子一天天长大,父母越来越怕孩子出事,既怕发生意外的灾祸,又怕孩子在外面被坏人勾引走上歧途。于是对孩子越管越严,这不让干,那不让去。这样做的结果,一是使孩子的独立能力和社会适应性得不到锻炼和发展,二是引起孩子的不满,造成孩子同父母之间的隔阂。他们往往在干自己感兴趣的事情时,产生这样的想法:"别告诉爸爸妈妈,告诉他们就干不成了。"青少年时期的孩子从思维到行动都具备了一定的独立能力,他们有了更多的独立的要求,不再事事处处依着父母,遇事愿意自己拿主意,自己解决自己的问题。这种独立性是与青少年时期的生理、心理发展水平相联系的。

明镜台

【案例一】

初中女生小红,她不仅不上学,而且见到母亲就开始争吵,除了对骂,基本不跟她的父亲说话。她经常很晚回家,还扬言要离家出走。有一天,他们一家来到心理门诊。从交流中发现,小红从童年起就生活在一个压抑的环境中,她的父母都是高级知识分子,由于她从小活泼调皮,老师经常找家长告状,家长就对她进行责罚。小红的自尊心受到了伤害。在她的父母为他选定的重点小学中,她感觉受到了伤害和贬低,回到家中,又挨父母的数落。于是,她开始逃学。

小红说,她的情绪非常低落、不稳定,处于将要崩溃的边缘。经过医院的心理测试发现她有抑郁情绪。在经过抗抑郁药物的治疗之后,她才逐渐说出她的感觉:"我感受不到任何家庭的关爱,感觉到的只是控制。父母在用一切旧的教条和观念束缚我,让我感到压抑,没有任何自尊。父母看不起我的一切,我在父母的心中似乎一钱不值。"

【案例二】

一位江苏泰州姓姚的父亲,为了挽救沉迷网络的儿子,辞去了银行的优越工作,每天骑着自行车去网吧找儿子,劝不动就打,打急了儿子也还手,父子俩一度大打出手,连小区保安都惊动了,儿子看他的眼神,连邻居看了都觉心惊肉跳。三年来,他跑遍了全市大小每个网吧,甚至还亲手画了一幅泰州市网吧地图,看着那张皱皱巴巴磨破了边的特殊地图,我被深深震撼了,那图上的一笔一画分明是一根根扎在他心头的针啊……

【案例三】

小文在小学时的学习成绩很不错,但到了初二、初三后,化学和物理都跟不上,几次考试都因为这两科拉低了分数。开了两次家长会,父亲从原来为她骄傲变成开始不满意了,父女俩经常因此发生小争执。

临近中考,小文也自觉了起来,她希望能考上示范性高中,为将来考大学打好基础,所以每天晚自习回到家还抽时间继续复习。上周四的晚上,放了晚自习回到家后,她就拿物理书来复习,因为理科成绩不理想,她希望物理不要拖了中考的总成绩。

这一看,一不留神就看到了凌晨两点,实在困得不行了,她才放下课本睡觉。没想到,由于睡得太晚,第二天上午七点闹钟响了几遍,她都没有听见,直至上午八点才醒过来。

当小文急匆匆洗漱完毕准备出门时，却被父亲拦了下来，一看时间就知道女儿迟到的父亲，并没有问她因何没有按时起床，而是破口大骂："不想读书就不要去了！"

正处于中考焦虑期的小文本来就心情不好，听父亲这么一说，也不想做解释，转身回到房中把书柜上的书全摔到地上去了，还发誓说不参加中考了。

最后，还是老师见小文不来上课，打电话给家长后，又跟小文沟通才知道实情。不过，虽然误会解除了，但小文却再也不跟父亲说话了，回家吃饭后就把自己关在房里，父亲问她什么都不回应。

智慧树

案例一中反映的是小红与父母之间存在的沟通问题是他们自身无法调和的，问题不仅出在孩子的身上，也出在家长的身上。那么，经过心理治疗后，他们试着了解彼此的困惑然后进行沟通，关系开始逐渐好转。所以，在父母和孩子沟通的过程中，要注意以下几个方面：

1.创造良好的家庭氛围，父母要相爱。有的父母忙于工作，只是把家庭当作休息和睡觉的地方；有的父母会在家中说一些消极和有负面情绪的话，如对社会不满等。孩子在青少年时代常常感觉不到快乐，也会出现消极抑郁情绪。父母之间感情冷淡，甚至出现争吵等不良家庭氛围，都会给孩子的情绪带来不良影响。

2.父母要关心自己。有的父母自己有抑郁和焦虑的情绪，在和子女沟通的过程中，无法理解子女的思想。如果父母本身是一个快乐开朗的人，才能用更宽容的心去理解孩子。所以，父母也要经常检查自己的情绪。

3.父母要学会了解孩子。针对不同个性的孩子，父母要采取不同的沟通方式。要注意：(1)花时间倾听孩子说话。(2)花时间陪孩子做一些有益的事情。

4.父母要多了解自己的个性特点。父母本身固有的某种个性弱点会带到和孩子沟通的过程中,所以父母一定要注意自己本身的个性局限,方能顺畅地和孩子沟通。

5.尊重孩子,并给予孩子较大的发展空间。

6.如果孩子已经出现情绪障碍,这时父母经过努力仍然与之无法沟通,可带孩子到医院的心理门诊咨询。如果发现孩子患有焦虑症或抑郁症,应对孩子进行治疗。

案例二中反映的是孩子与父母之间没有太多的沟通,父母的焦躁和孩子的不理解、叛逆就铸成了案例中的情景。这些都是亲子之间沟通的弊病,没有掌握好沟通的方法,以至于闹得两败俱伤。

案例三中小文与父亲的矛盾冲突,主要是由父亲因女儿没达到自己期望的目标,加上对女儿行为的误解引起,女儿最后不与父亲讲话的直接原因是认为自己在努力,却不被理解,反而被责骂。

在遇到这类情况时,首先,家长应摆正期望值,根据孩子的实际情况调整自己的期望目标,多鼓励孩子,避免带给孩子过重的精神包袱。

其次,面临中考,很多孩子都有考前焦虑症,家长应理解、体谅孩子的这种心情,注重孩子感受,了解孩子的学习情况及学习状态,避免因不了解情况产生误会。

再次,当发生一些家长感到不满意的事时(如案例中小文的迟到),家长应理智对待,先了解清楚事情原委,耐心宽容地站在孩子的角度与孩子一起分析与反思,不要简单粗暴地指责孩子,更不能不分青红皂白打骂孩子,避免孩子产生对抗、逆反心理,严重影响亲子关系。

那么,我们可以看出,家长始终都把自己定位在高孩子一等的位置。事实上,青春期的孩子特别渴望交朋友,父母要是和自己的孩子交上了朋友,那就不再需要为不知道怎么跟自己的孩子交流而烦恼。青春期孩子最愿意聊的三个话题是上网、游戏和早恋,各位家长不妨从这里入手,跟孩子进行交流和沟通。

中学生最喜欢聊的话题集中在上网、游戏和早恋几个方面,几乎每个接受采访的孩子都有 QQ,有的甚至读小学时就申请了,有两三个 QQ 号并不少见。他们每天都会在上面更新个性签名,有时写一下当天学校里发生的事情,或与哪个同学发生小摩擦之类的,也有时发图片、分享音乐等。

说到与家长的沟通,很多孩子觉得家长都是高高在上的,不可能与他们平等对话,所以有时就算有什么事也懒得跟家长说,有问题还不如上网去查询。有时想沟通,但父母在说话时总表现出对他们的不信任,总觉得他们还小,并且幼稚。与父母沟通一两次,孩子得不到期望的回应后,就逐渐失去信心,最后关上"心门"。

沟通问题主要表现在四个方面:

1.攀比行为。相当一部分家长喜欢攀比,总拿自己孩子跟别的孩子比,久而久之,使孩子产生厌烦心理。在家庭教育中最忌讳的就是攀比行为。家长都希望孩子成为最优秀的,但有没有想过自己是不是孩子眼里最好的家长呢?

与其和其他的孩子攀比,不如帮孩子树立良好的榜样。这个榜样一定不能是孩子的同龄人,尤其跟他存在竞争关系的孩子;可以是比较年长的哥哥姐姐,他们勤奋学习取得好成绩的经历是可以激励孩子进步的。

2.标签行为。孩子本不是粗心,但家长却在他面前反复强调"怎么这么粗心",此外,还有内向、学习习惯不好等问题,给孩子贴上了标签,长此下去,孩子自然会变得如家长所说。因为孩子潜意识里是在帮助家长圆谎的,尤其是当家长和外人说孩子的时候。

世上没有粗心的孩子。因为粗心是没有办法治疗的。有的孩子或许是考前准备不足,或许是考试时麻痹大意,这些导致成绩不好的问题都可以用方法来解决,但粗心是没有方法解决的。

3.刀子嘴豆腐心。这是父母最容易出现的情况,尤其是全职妈妈,她们把所有的心思都放在了孩子身上,整天围着孩子转,孩子稍不合意就

"批评"起来，而事实上家长们都怀着一颗"为孩子好"的心。

对于孩子，家长要多关心，但要减少压力，管教孩子的时候，尽量采用温和的语言，避免在愤怒或者失望的情绪下对自己的孩子发泄。心情不平和的时候，一定要先冷静下来，之后再和孩子说话，可以尝试用笑话或者诙谐的语气与孩子沟通。

4.给彼此空间。有些家长为了孩子，做起了"全职中考家长"，这是不应提倡的。一方面会增加孩子的负担，另一方面也会让家长的情绪无处疏导。家长一年辛苦的照顾会让孩子觉得"爸妈付出了这么多，我一定要考上好的学校，不然怎么对得起他们"，压力极大。建议一些现在的"全职中考家长"，坚持要做全职的话，一定要为自己准备一些社交活动，给自己和孩子一些空间。

有一部分家长平时太忙，没有时间教育孩子，到了初三，才开始关心。但这时候，家长在专业知识方面却有些匮乏，建议这样的家长一定不能跟自己的孩子"讨教"关于考试复习、考试安排、中考情况的问题。当家长从孩子那边获得信息、整理、再传递给孩子时，孩子是不会信服的。现代社会很发达，家长可以通过讲座、老师、网络等途径去学习。然后将自己的收获和心得告诉孩子，这样孩子比较容易接受。

如果孩子偶尔淘气，不听大人的话，父母往往不以为然；如果孩子经常不听话，管不住，父母就会深感头疼。"不幸"的是，许多父母发现，随着孩子年龄的不断增长，孩子不听话的行为愈来愈严重，而且在父母不断唠叨下，孩子甚至产生了叛逆的心理，不管父母说什么，也不管对自己有多大好处，一律是先否定再说。

奇怪的是，每当父母把孩子如何顽固的表现告诉老师，老师却很可能不认同；父母告诉其他和孩子接触过的熟人时，他们往往也会表示诧异："你的孩子挺好的呀！没有你说的那么捣乱啊！"当父母听到别人这样说时，真是既欣慰又困惑。

已经上幼儿园大班的姗姗就是这样，在老师和小朋友面前，姗姗热情、爱学习、容易相处、愿意照老师的要求做，经常受到老师的表扬。可是在家里，姗姗总是闹别扭，特别是对爸爸说的话，她一般都要反对一下，让爸爸很不痛快。同一个孩子，因不同的人而有不同的评价，是孩子在父母和别人面前的表现真的有那么大的不同，还是另有原因呢？

孩子为什么说"不"？

几年前，曾有一所小学做了一项"对爸爸妈妈哪些地方不够满意"的调查，调查结果发表在《少年儿童研究》杂志上。统计显示，孩子对父母不够满意的地方有58项之多，比如：动不动就发脾气；不了解我的心；要求太严，标准太高；不接受我的意见；说话不算数；当我想做自己的事时，他们总不让；总在骂我的时候夸奖别人，等等。

看了小学生们对自己父母的不满意，你有什么想法？第一，这是对小学生做的调查，与我这个幼儿家长何干；第二，就算有对上号的地方，恐怕你也不愿意把这样的父母形象和自己连接在一起。但是，静下来想一想，我们做父母的都不是完人，上述孩子的不满意，在我们身上多少会有体现。别以为孩子还小，什么也不懂，其实，孩子虽然嘴上没说，但这些不满意已经在他的心里了，并且已反应在行为上。的确，孩子的这些不满意都可能成为向父母说"不"的理由。

成人没有以身作则

当孩子出现一些问题时，以往我们总是要问上一句"这孩子是怎么了"，习惯从孩子身上找原因。其实，有许多问题的产生根源是父母。孩子的某些叛逆心理和行为，可能恰恰是家庭教育弊端所致。

对孩子要求严格，却对自己要求松的父母，孩子能心甘情愿听他们的话吗？即使爸妈说的条条是理，孩子依然不肯服从，孩子愈大，这种现象愈明显。比如，姗姗的爸爸就有这个问题，他不让姗姗在看电视时吃东西，可是自己却经常如此。姗姗有好几次忍不住给爸爸提意见，结果逢他看得高兴时，他就说下一次一定改；逢到他看得不高兴时，他不但不听，还发脾气，摆出家长的架子压人。起初，姗姗只是在这个问题上不服,渐渐地,这种不满就扩散开来,爸爸说的话都不愿意听,姗姗的叛逆心理愈来愈严重。

把孩子当小小孩对待

再有一些父母无视孩子的成长,总是把孩子当小小孩来对待,这也不让做,那也不让做,这是造成孩子产生叛逆心理的另外一个重要原因。比如,在幼儿园里老师经常教育小朋友"自己的事情自己做",姗姗听了以后特别想做点自己没有做过的事情。一天,姗姗提出晚饭后自己洗自己的碗。可是妈妈左思右想一番,还是以"万一碗摔碎了怎么办?""碎片刺破手怎么办?"等理由拒绝了她。没有做成事情,姗姗可不高兴了,睡觉时故意不肯上自己的小床,很晚了还赖在爸妈的大床上,惹得爸爸想要处罚她。第二天晚上,姗姗一家到小姨家做客,晚饭后姗姗又提起洗碗的事,妈妈再次重复昨天的理由,没想到小姨却爽快地说:"想自己洗碗是好事啊! 够不着水龙头,我给你垫个小凳子,万一碗摔坏了也没关系,小姨再买新的。"小姨话刚说完,姗姗就兴奋地大叫起来:"谢谢小姨。"接着,马上就去洗碗,而且洗得非常认真、仔细。

孩子都是好孩子

可见,父母确实要反过来想一想:自己总是抱怨孩子不听话,难道孩子天生就是一个不听话、爱捣乱的孩子吗? 孩子真的想做一个处处和爸妈作对的人吗? 其实应该说,孩子都是好孩子,而父母未必都是好家长。

换个角度来说,父母喜欢乖孩子的真实理由是什么? 我们不喜欢孩子和自己作对的目的何在? 其实说穿了,还不是为了自己省心、省力吧! 以这样的心态对待自我意识萌发,独立性、自主性正蓬勃发展的孩子,是否有点太自私、也太短视了呢?

情景屋

情景描述:父母发现与孩子之间没有了太多的话语,于是没有征求孩子的意见便翻看了孩子的日记本,不理解为何孩子没有与父母说出自己的心里话,自认为随意翻看孩子的隐私是为了孩子好,为了更能了解孩子的内心活动。

父母选择这样的沟通方式并不利于亲子关系的和睦,反而会让孩子更加反感,父母应该反思为什么孩子什么都不跟自己说出来,而是记在本子上。

家庭是社会的细胞,家长是孩子的第一任教师。家庭的气氛与孩子的态度、情感和个性特征有着极为密切的关系。当发现孩子身上出现了这样那样的缺点、错误时,做家长的应该首先考虑自己的教育方法是否有问题,而不应当指责孩子怎么不如别人的孩子有出息。一个人的心理特征和行为品质的形成受两方面因素的影响:一个是遗传,一个是环境。对一个孩子来说,父母集中了这两种因素的影响。

没有哪个父母一大早醒过来时就打算着要让孩子的生活痛苦不堪,没有一个母亲或者父亲会说:"今天,只要有机会,我要向我的孩子大叫大嚷、唠叨,要让他丢脸、出丑。"相反,每天早晨,许多父母都下定决心:"今天会是平静的一天,没有叫嚷,没有争辩,没有战争。"但是,尽管有好的意图,讨厌的战争还是会再次爆发。

父母和孩子之间充满了无休止的小麻烦、阶段性的冲突,以及突如其来的危机。发生危机时需要作出反应,而反应无一例外都会造成一定的后果,对孩子的个性和自尊造成好或不好的影响。

我们相信,只有心理不正常的父母才会作出伤害孩子的反应。但是,不幸的是,即使是那些爱孩子的、为了孩子好的父母也会责备、羞辱、谴责、嘲笑、威胁、收买、惩罚孩子,给孩子定性,或者对孩子唠叨说教。

为什么会这样?因为大多数父母没有意识到语言的破坏力量。他们发现自己说出来的话正是以前自己的父母对他们说过的,发现他们正用一种自己也不喜欢的语气跟孩子说话,他们原本没打算这样的。在沟通中发生这种不幸,常常不是因为缺乏爱心,而是缺乏对孩子的理解;不是因为缺乏智慧,而是缺乏知识。

父母需要特别的方式跟孩子相处,跟孩子交谈。如果我们中的任何一个人躺在手术台上,在麻醉师把我们麻醉前,外科医生走了进来,说:"我对于手术真的没有受过多少训练,但是我爱我的病人,我会利用常识来做手术。"这时你会有什么感觉?我们可能会惊慌失措,赶紧逃命去了。但是对于那些相信爱和常识就足够的父母来说,他们的孩子可就不轻松了。父母就像外科医生一样,也需要学习特别的技能,这样,在处理孩子的日常要求时才有能力胜任。就像受过训练的外科医生在下刀时需要小心谨慎一样,父母在使用语言时也要有技巧,因为语言就像刀,它们能够带来痛苦,即使不是身体上的痛苦,在感情上也会留下很多痛苦的伤痕。

如果我们想改善和孩子的沟通,该从何处开始呢?可以通过观察我们自己的反应。这些语言,我们都是知道的。我们听到父母在跟客人和陌生人交谈时就是使用那样的语言。那种语言照顾你的感受,而不是对你的行为进行批评。

父母希望他们的孩子安全、快乐,没有哪个父母故意让孩子变得害怕、羞怯、不体谅他人、令人讨厌。但是,在成长的过程中,许多孩子渐渐养成了一些不良品性,缺乏安全感,缺乏对自己及他人的尊重。父母希望孩子有礼貌,他们却很粗鲁;父母希望孩子整洁,他们却邋里邋遢;父母希望孩子自信,他们却对自己毫无把握;父母希望孩子快乐,但他们却经常不开心。

父母可以帮助孩子成为一个品质高洁的人,一个有着怜悯心、敢于承担义务的人,一个有勇气、充满活力、正直的人。为了能达到这些人性的目标,父母光有爱是不够的,洞察力也不足以胜任,好的父母需要技巧。

下面给大家介绍一些基本的原则,它可以帮助父母把期望的目标转变为每天的实践。

交流密码：父母和孩子的对话。

一、孩子的问题：隐藏的含义

和孩子对话是一门独特艺术，有它自己的含义。孩子在交谈时很少是无知的，他们的信息里经常有需要解读的密码。

大多数父母试图说服孩子，想让孩子知道他们的抱怨很不公平，他们的想法是错误的，父母意识不到这种做法没有用，这样做只会导致争论和气愤。

二、毫无效果的对话：说教和批评产生距离和怨恨

父母常常因为跟孩子的对话而感到失望，因为他们毫无头绪，就像某些搞笑的对话所说的那样。"你要去哪儿？""出去。""干什么？""不干什么。"那些想努力讲道理的父母很快发现这样会让人疲乏不堪，就像一个母亲说的那样："我一直努力地跟孩子讲道理，说到我脸都绿了，但是他还是不听我说，只有我冲他喊时，他才会听我说。"

孩子经常拒绝跟父母对话，他们讨厌说教，讨厌喋喋不休，讨厌批评，他们觉得父母的话太多了。

沟通：针对孩子的感受作出反应，而不是针对其行为。和孩子沟通要建立在尊重的基础之上，另外，还要有技巧：需要同时照顾孩子和父母的自尊；也要先说出表示理解的话，然后再提出建议或意见。

三、映射情感

情感的镜子功能与普通镜子类似，就是要把情感原原本本地映射出来，不变形。

"你看上去很生气。"

"听起来你非常恨他。"

"看起来你好像很讨厌整件事情。"

对于有上述情绪的孩子，这样的话是最有帮助的。它们清晰地显示

了他或她的情绪。透明清晰的影像，不管是在穿衣镜里，还是在情感的镜子里，都能够提供机会让本人自发地修饰和改变。

作为成年人，我们都曾经感到伤心、愤怒、害怕、困惑或者痛苦。在这样情绪激动的时刻，没有什么比一个人的聆听和理解更让人觉得安慰的了。对我们成年人是这样，对孩子也是这样。要用关心的交流取代批评、说教和意见，用人与人之间的理解去给予孩子慰藉，帮助他们康复。

当我们的孩子感到苦恼、害怕、困惑或者痛苦时，我们很自然地会匆匆给出评价和意见，通常会明白无误地说出来——即使不是故意的——"你太迟钝了，不知道该怎么做。"这简直是雪上加霜，在孩子原先的痛楚之上又增加了新的伤害。

如果我们给予孩子时间和同情，理解他们，我们就向孩子传达了一个完全不同的信息："你对我很重要，我希望能明白你的感受。"在这个重要信息背后是一种保证："一旦你平静下来，你会找到更好的解决方法。"

语言的力量：鼓励和指导的更好方法。

1. 称赞对孩子不再有用了吗？

夸奖就好吗？

大多数人相信夸奖可以建立孩子的自信，让他们有安全感。但是，实际上，夸奖可能导致紧张和行为失当。为什么会这样？许多孩子经常会有针对家庭成员的破坏性愿望，当父母跟孩子说"你真是个好孩子"时，他可能无法接受，因为他对自己的想法是完全不同的。在他自己看来，他希望妈妈消失，或者希望哥哥下个星期在医院里度过，这样的他可没法说是"好孩子"。事实上，夸奖越多，他的不端行为可能就越多，因为他想显示出他的"真我"。父母们经常说就在刚刚夸了孩子乖之后，他们就开始变野了，好像就是为了反对赞扬似的。行为不端可能是孩子对于自己的公众形象表达自己的保留态度的一种方式。

如果孩子被称赞聪明，那么他很可能不大愿意接受负有挑战性的学习任务,这种情况并不反常,因为他们不想冒险而失去高分。相反,如果对孩子付出的努力进行夸奖,那么他们可能对于艰难的任务会更加坚持不懈。

2. 令人满意和令人不快的称赞

称赞孩子时最重要的一条规则就是:只能夸奖孩子的努力和成就,不要夸奖他们的品性和人格。

称赞包括两个部分:我们对孩子说的话,以及孩子听了我们的话后在心里跟自己说的话。

我们的话应该明确表明我们很喜欢、很欣赏他们的努力、帮助、工作、体谅、创造或者成就。我们的话应该让孩子能对自己的品格有一个现实的看法。我们的话应该像一块有魔法的帆布,这块布虽然不能给孩子提供帮助,但是能让他们给自己画一幅正面的画像。

当我们希望孩子好受点时,通常就会称赞他们。可是为什么当我们对女儿说"你很漂亮"时她会否认呢?为什么当我们对儿子说"你非常聪明"时他很尴尬地走开呢?是我们的孩子太难取悦,甚至连赞美都不起作用了吗?当然不是。最可能的原因是:我们的孩子跟大多数人一样,对于赞美他们品格、身体或精神的话不知如何反应。孩子不喜欢被评定。

称赞的时候要做明确、详尽的描述,这需要一点努力才能做到,但是孩子能从这些信息和赞赏中受益,远比那些对品格的评价要有效得多。

3. 给孩子指导而不是批评

批评和评定性的称赞是双刃剑,两者都是在给孩子下判断。为了避免下判断,心理学家不会发表批评意见影响孩子,而是指导孩子。在批评孩子时,父母会攻击孩子的人品和性格。而指导孩子时,我们陈述问题以及可能解决问题的方法。我们不会针对孩子本人发表任何观点。

小意外,大价值。从一些小意外里,孩子可以学到很宝贵的教训。

孩子需要从父母那里学会分辨什么是仅仅让人不愉快、让人讨厌的事情，什么是悲剧和灾难。许多父母对打碎了一个鸡蛋的反应就像打断了一条腿似的，对窗户被打碎的反应就像心被敲碎了一样。对于一些小事，父母应该这样跟孩子指出来："你又把手套弄丢了，这很不好，很可惜，不过这不是什么大灾难，只是一个小意外。"

丢失了一只手套不需要发脾气，一件衬衫扯破了，也无须像希腊悲剧里那样让孩子自己动手解决。相反，发生小意外时，是传授孩子价值观念的好时机。

父母的批评对孩子是没有益处的，它只能导致气愤和憎恨。而更糟的是，如果孩子经常受到批评，他们就学会了谴责自己和别人；他们学会怀疑自己的价值，轻视别人的价值，学会怀疑别人，导致人格缺陷。

4. 辱骂会伤害孩子

辱骂性的字眼，就像一根根毒箭，不应该用在孩子身上。当一个人说"这把椅子很难看"时，这句话对椅子毫无影响，它既不会觉得受辱，也不会觉得尴尬。它还是那样，完全不顾加在它身上的形容词。但是，当孩子被说难看、愚蠢或者笨拙时，这些话会对孩子造成影响，他们的身体和心灵都会有反应，厌恶、愤怒、憎恨就这样产生了，报复的幻想出现了，于是就可能发生一些让人不高兴的举止，一些惹麻烦的行为。口头抨击会产生一连串的连锁反应，会让孩子和父母都很不愉快。

当一个孩子被说成笨拙时，他的第一个反击可能是："不，我不笨。"但是，大多数情况不是这样，他可能会相信父母的话，认为自己的确是一个笨拙的人，如果他碰巧绊倒或跌倒，他可能在心里对自己大声说："你真是笨手笨脚的!"从那个时候起，他可能会避开需要灵活性的事情，因为他确信自己太笨拙了，无法成功。

如果老师或父母不断重复说一个孩子愚蠢，渐渐地，孩子就会相信，他会认为自己的确是愚蠢的，然后就会放弃智力上的努力，认为避免愚蠢的方法就在于避开比赛和竞争。他的安全感依赖于不去努力,他生活的座右铭变成:"如果我不去试,我就不会失败。"

父母对孩子说了很多否定、贬损的话,而没有意识到这些话的伤害和破坏性的后果,这多么让人惊讶啊!

5. 一致的交流:让言语和心情相符

孩子从父母那里需要的、感激的是符合心情的反应。他们希望听到反应父母真实心情的言语。

6. 如何处理我们自己的愤怒

在我们自己的童年时代,没有人告诉我们如何处理生活中不可避免的愤怒情绪。我们受到的教育让我们对自己的愤怒感到内疚,在表达愤怒时有一种罪恶感。我们相信愤怒是不好的,愤怒并不只是不好的行为,它还是一种重罪。对待我们自己的孩子时,我们努力忍耐,事实上,忍得太久,迟早我们必然会爆发出来。我们担心自己的怒气会伤害孩子,所以我们忍着,就像一个潜水者屏住呼吸一样。但是在这两种情况下,忍耐力都是相当有限的。

愤怒,就像普通的感冒一样,是种周期性复发的麻烦。我们可能不喜欢它,但是我们无法忽略它。我们可能很了解它,但是无法阻止它的发生。愤怒发生后的后果和情形都是可以预见的,但是它看上去总是那么突然,意想不到。而且,尽管发怒的时间可能持续的不长,但在当时看来仿佛会没完没了似的。

当我们发怒时,我们的行为就像完全失去了理智,我们对孩子说出的话,做出的事,哪怕是在打击敌人时都会犹豫一下。我们大喊大叫、辱骂、抨击。当这一切结束时,我们会感到内疚,我们郑重地决定,以后绝不重复这样的行为了。但是,愤怒会无可避免地再次来袭,破坏了我们良好的愿望。我们再一次猛烈攻击那些我们为了其幸福愿意献出生命和财富的人。

而试图不再生气的决心不但没用,甚至更糟糕。这样做的结果只能是火上加油。愤怒就像飓风,是生活中的一部分,你不得不承认,而且还要准备好。安宁的家庭,就像希望中的和平的世界,并不是依靠人性中突然的善的改变,而是依靠周密计划的程序,可以在爆发前有系统地减轻紧张情绪。

精神上健康的父母并不是圣人,他们能意识到自己的愤怒,并且重视它,他们把愤怒当成一种信息资源,是他们关心孩子的表示。他们的言语和他们的心情一致,他们不会隐藏自己的情绪。

发怒的三个步骤:

在平静时期,让自己做好应付紧张时刻的准备,应该承认下面的事实:

1.我们接受这个事实:在跟孩子打交道的时候,我们有时会发脾气。

2.我们有权生气,而不必感到内疚或者羞愧。

3.除了安全考虑,我们有权利表达自己的感觉。只要我们不攻击孩子的人品或者性格,我们可以表达我们的愤怒。

这些假设应该列入处理愤怒的具体步骤中去。处理激动的情绪的第一步是给它们明确的定义。这可以提醒相关的人改正或者采取预防措施。这样做的第一步是使用人称代词"我":"我觉得讨厌。""我觉得被激怒了。"

如果简短的陈述和拉长着的脸并没有起效果,那么采取第二个步骤。在表达时加强愤怒的强度:

"我生气了。"

"我很生气。"

"我非常非常生气。"

"我气极了。"

有时,仅仅表达出我们的感受(不用解释原因)就能让孩子停止不端行为。但是,有时候,可能需要采取第三个步骤:解释我们生气的原因,说出我们内心的想法,以及我们希望的行为。

"当我看到鞋子、袜子、衬衫、运动衫扔得满地都是时,我很生气,生气极了。我真想打开窗户,把这一摊乱七八糟的东西扔到大街上去。"

"看到你打你的弟弟,我很生气,心里面像有团火在烧,我绝不允许你再伤害他。"

"看到你们所有的人一吃完晚饭就冲出去看电视,把那些脏兮兮的盘子、油腻腻的锅留给我时,我非常愤慨! 气得我简直七窍冒烟! 我真想把所有的盘子砸到电视上去!"

"我叫你吃晚饭,而你却不来,我很生气,非常生气,我对自己说:'我煮了一桌好吃的,希望获得赞赏和感激,而不是失望!'"

这个方法可以帮助父母释放怒气,而不致引起伤害,而且,它甚至可以是一堂重要的课,教会孩子如何安全地表达愤怒。孩子可能会明白他自己的愤怒也不是什么大的灾难,可以释放出来,而不会伤害任何人。这堂课不仅仅需要父母把怒火表达出来,还需要父母向孩子指出情感表达的可接受的方式,要向他们说明表达愤怒应该采取的安全、可理解的方法。

自取其害:没有做错事的正确方法。

一、恐吓:不端行为的邀请函

对于孩子来说,恐吓会刺激他们重复做一件不被允许的事情。当孩子被告知:"如果你再做这件事……"时,他听不到"如果你"这三个字,他听到的只是"再做这件事"。有时他会把这句话理解为:妈妈希望我再做一次,要不她会失望的。这样的警告——对于成年人来说可能很合理——不但无用,而且后果更糟糕。孩子肯定会再犯那些让人讨厌的行为。警告是对孩子自主权的挑战。如果他有一点点自尊的话,他就会再次违纪,以此向别人展示他不惧怕任何挑战。

这种"如果……那么"的方法可能偶尔会激励孩子为了眼前的目标努力,但是很少会鼓励孩子一直努力下去,甚至从来不会。我们的每一句话传达给孩子的信息都是对他们能不能变好的能力的怀疑。"如果你学会这首诗",意思是说"我们不确定你能"。"如果你不再尿床"意思是，"我们认为你能控制自己，但是你却不想"。

对于这种用来贿赂的奖赏还有几个道德上的反对理由。有些孩子会故意犯错，好让父母为了让他们变好而提供奖赏。这样的推理可能会很快导致讨价还价和勒索，甚至为了让你跟他的"好的"行为交换，他对奖赏和利益的要求会日益增长。有些父母已经习惯了孩子这样的要求，以致在购物旅行结束时，不敢不给孩子带礼物就回家。孩子迎接他们时说的不是问候"Hello"，而是"你给我带了什么？"

如果奖赏没有事先通知，如果是一个惊喜，如果代表承认和感激，这样的奖赏才会非常有益，非常让人开心。

二、许诺：为什么不切实际的期望会给每个人带来焦虑

既不能给孩子许诺，也不能要求孩子做出许诺。为什么要禁止许诺呢？我们跟孩子的关系应该建立在互相信任的基础上。当父母用许诺来强调他们说的话的意思时，就无异于承认那些"没有许诺过"的话是不值得信任的。许诺会给孩子带来不切实际的期望。如果孩子得到许诺要去动物园玩，她会认为是这样承诺的：那天不会下雨，车子会在车库里，她不会生病。但是，因为生活中不可能没有意外，如果发生意外，孩子就会觉得受到欺骗，会认为父母不能信任。相信父母们都很熟悉这句不留情面的抱怨"但是你保证过的！"父母真希望自己没有保证什么，但是后悔已经晚了。

父母们也不应该要求孩子为将来的好行为，或者停止过去的不端行为作出保证。如果孩子作出保证，却不是发自内心的，那么就等于她在银行签了一张没有户头的支票。我们不应该鼓励这种欺骗性的行为。

三、挖苦：学习的严重障碍

具有挖苦天赋的父母对孩子的精神健康有着极大的危害。有如此语言天才的父母是有效沟通的严重障碍。

"同一件事我究竟要重复多少次才行？你是聋了吗？要不你怎么听不进去？"

"你太没礼貌了。你是在丛林长大的呀？是的,那才是属于你的地方,你知道的。"

"总之你是怎么回事啊？你是神经病还是蠢哪？我知道你的下场！"

这样的父母甚至意识不到这样的话是人身攻击,只会导致孩子的反击;这样的话对沟通是一种障碍,只会惹得孩子专注于报复的幻想中。在对孩子的教育中,不能有难堪的挖苦和严厉的陈词滥调。最好要避免这样的言语:"什么你总觉得你知道所有的答案？你几乎生下来就没有脑子,你还以为你很聪明呢！"不管是有意还是无意,我们都不应该贬低孩子的形象,不管是他在自己眼中的形象,还是他在同辈中人眼中的形象。

四、权威需要简短:少说更有效

如果有人跟你说"你说起话来像家长",这可并不是什么赞美,因为家长有一个名声,他们喜欢重复自己,夸大显而易见的事实。当他们这么做时,孩子就不会再听他们的话,心里大喊:"够了！"

每一个父母都应该学习回应孩子的方法,这样,小事故才不会变成大灾难。

父母想知道涉及到纪律所提倡的方法是严格的还是宽容的。对待孩子的不良行为要严格,但是,对所有的感受、愿望、欲望和幻想,应该宽容对待,不管它们是积极的、消极的,还是矛盾的。像我们所有的人一样,孩子无法禁止自己的感受,有时候,他们会感觉到贪婪、自责、愤怒、害怕、悲伤、欢乐和恶心等。尽管他们无法选择他们的情感,但是他们有责任选择如何、何时表达这些情感。

无法接受的行为并不是无法容忍的。试图强迫孩子改变无法让人接受的行为,结果是令人失望的。但是,依然有许多父母问自己无效的问题:怎么才能使马克做家务呢？怎么才能迫使弗雷德专心做作业呢？

怎么才能让格雷斯打扫她的房间呢？怎么才能说服康妮在外面待的时间不要晚于她规定的时间呢？怎么才能让伊万的日常表现正常呢？

父母需要知道唠叨和强迫是没有用的。强制性的方法只能导致怨恨和抵触，外部压力只会带来违抗和不从。父母不应该把他们的意志强加在孩子头上，应该理解孩子的观点，帮助他们专注于解决麻烦，这样，父母才更有可能影响孩子。

对父母来说，定规矩、作出约束要容易些，限制比强迫执行这些规矩要容易得多。当孩子向这些规矩、限制挑战时，父母应该学会灵活处理。父母希望孩子开心，当父母不允许孩子违反规则时，孩子可能会让父母觉得不再被爱了，会觉得内疚。

这些方法，只有当运用恰当的时候，才能使养育的任务变得轻松。孩子对要求的回应千差万别，有些孩子很顺从，他们很容易接受常规和关系的改变。而有些孩子要固执得多，只有在刺激之下才会被迫地接受改变。还有些孩子积极地抵制生活中一切"新的安排"。聪明地运用这次所提方法就不会忽略孩子脾气和人格中的基本要点。

只有当培养孩子的方法中浸透着尊重和理解时，孩子才会茁壮成长。这种方法在父母和孩子的关系考验中，可以加深感觉的灵敏度，对孩子的要求作出更好的回应。

回音壁

父母与孩子进行心理上的沟通时，要掌握孩子的心理脉搏，分析孩子的现状，孩子的心理及性格特点，平时多鼓励孩子养成独立的生活能力及良好的社会适应能力。遇到任何事情要有主见，能掌握正确的处事方法，不要过多地依靠父母。如孩子做事不周、欠恰当，父母不应指责、挖苦孩子，应坐下来与孩子交谈，统一看法，只有这样才更加有利于与孩子进行心理上的沟通。

专家们提出了如下建议,可以帮助父母破除与子女之间的隔阂:

1. 密切亲子关系。要做到良好的沟通,就必须密切亲子关系。

(1)多从孩子角度考虑问题,尽可能地让孩子明白父母始终是关心和接纳他们的。

(2)除了学业成绩外,每个孩子还可以在许多方面发挥潜能和拓宽发展的领域。

(3)由于一个问题有多种解决方案,因此,不要执拗于一种答案而与孩子发生冲突。

(4)父母要不断地提高自己的情商、智商,自我开发各种潜能。放下面子,去倾听各方面的教育经验。

(5)多采用游戏、音乐、活动的方式培养亲子关系。

此外,要密切亲子关系,在父母与子女之间要相互信任。为此,父母要培养孩子的自信心;要正确对待孩子的缺点,帮助孩子改正错误;为孩子提供施展才能的机会;切忌伤害孩子的自尊心、自信心等等。

2. 营造聆听气氛。父母要设法让孩子觉得那样做是很自然的。其诀窍就是让家里时时刻刻都有一种"聆听的气氛"。这样,孩子一旦遇上重要事情,就会来找父母商谈。要达到这个目的,其中一个好方法就是经常抽空陪伴孩子。如利用共聚晚餐的机会,留心听孩子说话,让孩子觉得自己受重视。

3. 学习平行交谈。父母用"平行交谈"的方式跟青春期的子女谈话,往往能引起热烈回应。美国《用心去教养子女》一书作者罗恩·塔菲尔提出的"平行交谈",其意思是父母与子女一面一起做些普通活动,一面交谈,重点放在活动上,而不是谈话的内容,双方也不必互相看着对方。这种非面对面的谈话方式会让父母和孩子都感到轻松自在。父母与孩子的谈话内容,最好是多谈一些如何学会求知识,学会做事,学会共处,学会做人等。在交谈中,还要注意从事情到关系、从事情到感情、从一般到特殊等原则,从而使孩子与父母之间什么话都交谈。

4. 只做孩子顾问。父母提出的意见,即使是好意见,青少年大都不喜欢听。因此,父母应做孩子的顾问、盟友,而不要做经理人。顾问只细心聆听、协助,而不插手干预,仅建议改弦更张。心理学家伊丽莎白·艾利斯说:"父母应该协助子女仔细检讨整件事。青少年往往能自行想到叫人拍案叫绝的解决方法。"

5. 有自己的空间。"青少年需要感到自己的生活并非完全受父母控制",所以,父母要让孩子有自己的空间,"父母尤其不可擅入他们的房间"。《跟孩子说话的技巧》一书的作者艾德莉·费巴说:"很多父母不明白的是,尽管孩子想避开父母,却不希望父母也那样待他们。"

6. 把说的话写下。有些专家建议,父母把不想直接向子女说出或不中听的话写下来。家庭关系顾问迈克尔·波普金说:"一般人都认为白纸黑字更加可信,而且可以一看再看。""把话定下来,话的分量也会增加。"

7. 不要无所不问。父母提问过多,很难使孩子讲心里话。麦可·列拉说:"青少年通常不会把很多有关自己的事告诉父母,如果你的孩子也是这样,你应该把孩子告诉你的任何事情都视为礼物,加以珍视。"

8. 表露矛盾心理。在同一个时候,孩子可能对父母又爱又恨。对父母、老师和所有对孩子有权威的人,孩子的感情往往是双重的。但父母对孩子的感情的二重性通常是很难接受的。其实,在人类的现实生活中,处处都存在着辩证观念。哪里有爱就必有恨;哪里有羡慕就有嫉妒;哪里有热诚也会有敌视;哪里有成功就有担忧。

所有这些感情都是合理的:正面的、反面的、矛盾的。因此,父母应该学会接受孩子身上存在的双重感情。父母对孩子所表露的双重感情就用不着担忧或内疚。人类都有感情,感情是孩子天性的一部分。父母可以给孩子提供一面感情的镜子,以帮助孩子了解他的感情。一个孩子要知道他内在的感情就要听父母对他感情的反映。通过感情的镜子,能够给孩子提供一种自发的修整和改变的机会。

第八章 换位思考,获益匪浅

换位思考是人对人的一种心理体验过程,将心比心,设身处地,是达成理解不可缺少的心理机制。它客观上要求我们将自己的内心世界,如情感体验、思维方式等与对方联系起来,站在对方的立场上体验和思考问题,从而与对方在情感上得到沟通,为增进理解奠定基础。它即是一种理解、也是一种关爱。人与人之间要互相理解、信任,并且要学会换位思考,这是人与人之间交往的基础——互相宽容、理解,多站在别人的角度上思考。

明镜台

【案例一】

我是一个12岁男孩的母亲,也自认为是一个不称职的母亲。因为我是一个经常被老师找的家长。是一个有问题孩子的家长。我也一直没有解决这个问题。也不了解孩子为什么会这样。孩子学习成绩还不错,但经常不完成作业,经常被老师找家长,而且经常课上接话,还说一些与学习无关的话,特别是面对同学回答不上来或回答错比较简单的问题时,他带头起哄或说一些伤害他人自尊的话。有时甚至搅得老师都没心情讲课。我非常烦恼和无助。

【案例二】

我是一名初中二年级的女孩,生活在一个环境还不错的家庭。但是现在一肚子的苦水倒不出来,我真觉得很恨这个家,恨这个家里所有的人,他们根本不了解我,只知道每天拼命地赚钱。我经常在想他们每天赚钱都是为了谁？为什么不能多一份关爱给这个家？他们口口声声和我谈"沟通"，就知道每天以一份写着"你欠我们"的脸生活。什么沟通？什么花样年华？什么平等？社会上总是谈青少年心理健康，可是我的父母是怎么想的呢？他们每天都在说："我们供你吃供你喝供你穿，你还不满足。"其实我的很多同学都觉得我们欠父母的太多，这样一来更感觉心里迷茫，不知道每天怎样做才对，才觉得对得起父母。

【案例三】

周六，天天邀请壮壮到家里来玩。玩着玩着，为了抢夺一个小汽车，两个小家伙打了起来。妈妈阻止天天说："你是小主人，应该让着客人。"天天哭着大声说："不对，这玩具是我的，他得听我的。"妈妈说："是你主动邀请壮壮来玩的，你不让着客人，以后人家就不来玩了。"天天边说"不玩就不玩！"边去推壮壮，还说"你走！你走！"妈妈也生气了，使劲推了儿子一下，说："你这孩子不讲理，我们都不理你了！"天天说："不理就不理！"关上房门，一个人在里面哭。

天天妈妈很尴尬，向壮壮母子道歉："这孩子脾气特别拧，壮壮别计较。"壮壮妈妈连忙说："壮壮也做得不对。"转身训斥壮壮："你们抢什么抢！现在都玩不成了吧？"壮壮不服气地说："是我先拿到小汽车的。"妈妈说："不许狡辩！谁先拿到手就是谁的吗？你们不会一起玩吗？"挨了批评，壮壮撅起了小嘴。一场聚会不欢而散。

智慧树

以上案例都是父母与孩子之间没有进行良好的沟通，没有做到换位思考，站在对方的角度去思考问题，只是一味地为自身辩护，不论父母还是子女都没有多大的错误，但是这种误解不能及时地解开，那么时间久了，亲子之间就会慢慢地变得没有了话语，也就失去了交流的欲望。

父母没有意识到"以理服人"的前提是"以情感人"，也就是"共情"。共情，就是站在对方的角度来理解对方，就好像感受到对方的情绪体验一样,并用恰当的方式表达出对对方的理解与感受。

每个人都有共情的需要,希望对方能够理解自己,孩子也是一样。

当成人做错事而心里不舒服的时候,或者被误解而感到委屈的时候,可以向知心朋友倾诉,或者求助于心理咨询机构,这样就得到了朋友或心理咨询师的共情。但是,孩子的想法和感受往往被成人认为是不成熟的、需要正面引导的,而孩子自己又不会主动倾诉或咨询,所以他得到的共情远远少于成人,只能默默地承受心理压力。

发脾气的孩子是情绪脆弱的,他们的内心冲突及困惑比不发脾气的孩子更强烈,承受的心理压力更大,他们更需要父母设身处地的共情,需要父母的安抚与帮助,可是,他得到的更可能是父母的压制与批评。

外在的压力或许表面上平息了孩子的脾气,却加剧了他内心的冲突与困惑,因为大人讲的道理并没有让他心服口服,未解开的心结潜伏在他的意识深处,成为暗中支配他未来行为的潜意识。

共情,需要父母降低自己的心理年龄,返回人生的原点,根据孩子的阅历、理解能力、做事方式以及情绪调节水平来理解孩子的心灵,感受孩子的困惑、烦恼与喜怒哀乐。

与孩子共情,父母不会觉得孩子的行为是不可理解的,也不会认为孩子的事情无足轻重或者小题大做;得到父母共情,孩子觉得自己被理解、接纳与尊重,也就对父母产生信任与安全感。有了这样的心理基础,孩子的心情才会平静下来,理智与认知才能恢复正常水平,才有可能进一步接受父母的批评与教育。

父母与孩子之间的交往,沟通是不可或缺的一环。孩子需要父母的爱护、同情、理解和帮助,父母也只有充分表达自己对孩子的爱,才能培养和加深孩子对自己的感情。

教孩子学会感恩。如今,望子成龙的父母在面对日益增大的社会工作压力的同时,尽心尽力地为子女挡掉尽可能多的烦恼,为孩子负担足够多的事情:衣食住行样样操心,为孩子找好学校、陪孩子去练钢琴,甚至站在太阳底下等候考试的孩子……而大部分家庭的独生子女们,处之泰然地享用着父母的好意,懒于表示自己对父母的爱。这是因为太多的父母掩盖了背后的所有辛劳,其实适当地告诉孩子父母的辛苦,教育他们拥有一颗感恩的心,对于孩子的整个成长都是大有裨益的。

要让孩子知道即使来自父母那最简单的衣食、最质朴的关怀,也无不倾注了父母对子女的爱。这样,孩子才能珍惜自己拥有的一切,理解并大胆地向父母说出自己的爱。进而教育孩子感激传授他们知识的老师和给予他们帮助的朋友,帮助他们认识自己是被爱包裹着的。

每天的交谈应该是家长培养、教育孩子的一项必不可少的活动。孩子在学校天天都学新知识、同学间发生有趣的事,父母与孩子的交谈一方面可以帮助父母了解孩子的思想动态;同时可以加强父母与孩子的情感交流,增进家庭的亲情与友情。

当然,在相互交谈中父母特别要注意,一定要细心倾听孩子谈到的在学校里所见、所闻、所学、所想和所做之事,并要给予适当评说。把自己的观点和情感融入孩子的叙说之中,或夸奖、或批评、或提醒、或建议,充分体现父母对孩子的关注与尊重。这样长期坚持下去,对孩子的全面成长定能收到满意效果。

随着现代社会的竞争加剧,父母和孩子同时成为了"重压人群"。父母每天周旋于家庭和工作之间,疲于奔命;而面对教育、升学压力,孩子们在专才和通才之间兜兜转转,这两类"同一屋檐下"的家庭组成成员,却鲜有机会沟通、交流。久而久之,父母和孩子间的距离越来越远。我们到底怎么了? 最近,记者有幸亲历了一场名为"德行天下,从头做起"的大型公益活动,从中得到了许多提示:其实,只需要最简单的一件小事,最普通的一句话,就能够表达出父母与儿女之间最真切的爱。

沟通是一门艺术。在沟通的过程中,适当地运用换位思考,可以使沟通更有说服力,更容易达到沟通的目的。

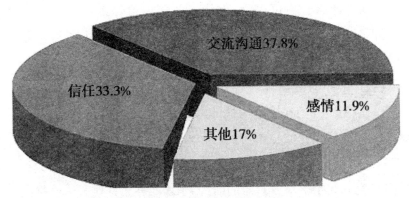

学生与家长间缺乏什么

机会总是光顾那些有思想准备的人。与人沟通,首先要有一个预想,也就是这次沟通要达到一个什么目的。这就需要提前准备,把沟通的时间、地点、对象、主题、方式及注意事项列出来。另外,要预测可能遇到的意外和争执。

苏格拉底说,自然赋予我们人类一张嘴巴、两只耳朵,也就是让我们多听少说。这就是要学会聆听。倾听要注意以下几个方面的问题:

专注。倾听时不要想别的事情,不要随便打断别人。要排除不必要的干扰,同时要善于捕捉要点,当沟通发起者发送出一条信息的时候,要从这条信息中捕捉到他真正要表达的意思。

跟随。就是倾听回应。你要跟随着沟通发起者的思路去找到你想要的答案。设身处地地从对方的角度出发思考问题,同时给对方以鼓励,并辅以点头等欣赏对方的肢体语言。

客观评价。当别人传达沟通信息的时候,要对他所表述的信息做客观的、公正的评价。在正常的沟通情况下,发起者的表达可能不是非常准确,没有把他想要表达的信息表露出来,在这种情况下不要偏激,或者做一些不准确的判断。当没有听清时,要及时提问,并适当客观地表达自己的感受,不要断章取义,做一些情绪化的事情。

提问。要想得到明确的回答,就必须明确地提问。在提问过程中,需要注意,少问为什么。你可以说:你能不能再说得详细一点?解释再清楚一些?而不是不顾对方的感受,追问"为什么"。因为这可能给对方造成自己没有传达清楚信息,感觉沟通没有成功。少问带有引导性的问题。你认为这样对吗?这样的话会给对方不愉快的心理反应,不利于沟通。

沟通的应用。我们在进行沟通的时候,往往只注重充分表达自我,而忽视了解对方的真意。比如在销售的时候,不论对方是谁,也不管对方的接受能力如何,通常长篇大论介绍卖点,只注意充分表达自我,而忽视了解对方真意。只有在充分地了解对方真意的前提下,才能够充分地表达自我。

在彼此沟通中,会遇到各种各样的问题,这些问题都是人为引起的,这样就需要在反复沟通中分析和解决问题。解决人际关系最有用的三个字是:我理解。在沟通过程中进行换位思考,创造一个轻松、畅所欲言的环境,表达支持、理解、肯定的态度,尊重客户的情绪和意见,对于达成一致,实现沟通的预期目的,有着很重要的作用。

一个家庭的和谐是非常重要的,而和谐的关键是平等。所谓平等,就是想方设法换位思考、互换角色。家长们一旦来到孩子的位置上就会发现,与自己当年相比,现在的孩子面对纷繁的社会交往、复杂的多元文化冲击时承受的压力更大,他们也表现得比父辈更加机敏、聪慧。对孩子一些貌似"逆反"的想法,家长也更容易找到善意的角度去理解。另一方面,当孩子站到家长的位置上,也更容易明白自己的不足、不当,更能体谅做父母的"难处"。

初中生由于身心状态的急剧变化,免不了与家长在处事方法上发生分歧,这是正常现象。但关键是亲子间出现矛盾时,家长和初中生应采取正确的态度应对。专家建议,家长和初中生不应针尖对麦芒,双方应换位思考以解决问题。

"你看,人家孩子小小的年纪就上电视了,你呢?钢琴学了好几年,一点出息都没有。学习成绩也不怎么样。"正在书房里听音乐的初三学生小李,刚想放松一下,就被妈妈的唠叨搅了兴致。

实在忍不住，小李突然大声说："妈，你更年期了！"被激怒的妈妈不甘示弱："我更年期，你呢？你是青春叛逆期，也好不到哪里。"结果，母子俩自然是不欢而散。

眼下，青春期孩子与更年期家长的两代人"争吵"，已成为家庭冷暴力的常态。如何缓解？一些专家认为，必须从孩子和家长两个方面实施"救援"，让他们认知自我，学会理智地对待对方，并在交流中掌握必要的缓冲方式。

上海市新华初级中学心理咨询室的吴老师说："原来，我听到有同学抱怨和妈妈关系紧张后有些吃惊，不是说世上只有妈妈好吗？可近年来在现实生活中，我发觉孩子对妈妈不满的倾诉多了起来。"比较极端的一例是，一位已离校的毕业生竟然说："我长大后买了房，一定不给妈妈住，我离她越远越好！"而他的妈妈说："儿子读初中后，我一天也没有开心过，我怎么会有这样的儿子？"由于双方的情绪偏于急躁冲动，常常因此暴发冲突，很是痛苦。

十三四岁的孩子"难管难教"，这是许多父母的共同感受。这个时期的孩子，有和父母顶嘴的，有疏远父母沉闷不语的，有不爱学习的，也有结交损友惹是生非的……凡此种种不驯表现，令父母大伤脑筋。心理学家认为，按我国的情况，孩子一般从10岁到20岁为青春期。由于生活水平的提高，营养的改善，青春期有提前的趋势。青春期是人体成长的关键时期，在这个阶段的孩子生理心理都会发生许多变化，也引出不少问题，尤其当孩子13岁以后便进入了"青春反叛期"，问题更为复杂。

青春期常常是父母与孩子感情发生转变的过渡时期。许多父母都有这样的体会，十三四岁的孩子总和父母对着干，且能持续两年或三年。你让他往东，他偏往西。这种"作对"现象，在有的孩子身上表现十分明显，常把母亲气哭，把父亲气得浑身发抖。要正确对待这一阶段的孩子，父母应该做到一方面加强与孩子的情感交流，另一方面要注意自己的行为方式对孩子产生的影响。如当孩子向你谈他们感兴趣的问题时，要集中精力听，不要似听非听，或边做其他事情，甚至边看电视边听。如果当时自己正在做一件紧急的事,不妨跟孩子打个招呼,以便得到他们的谅解。

如果家有初三学生,青春期与更年期的遭遇更是不可避免了。最近,一些学校班主任与家长联系时,发现几乎所有母亲们提起孩子一开口就是:烦死了,快点考完算了,我都快崩溃了。而且好几个母亲说到孩子,都会眼睛发红委屈地流泪。

专家指出,家长尤其是母亲处于更年期状态,自己本身就容易出现焦虑、烦躁、不安、抑郁、敏感多疑等症状,早上会冒汗、潮热心慌,无端地想发脾气。这恰好跟孩子青春期的情绪来了一次碰撞。青春期孩子不仅会焦虑不安甚至会狂躁,所谓的叛逆恰恰是自我意识的一种浮躁不定。其实青春期男孩女孩也会出现各种身体不适,这种不适也会体现在心理问题和行动表现上。

不过,专家认为,"不断唠叨的母亲,在更年期更需要理解与保护,作为孩子应当了解这个特殊时段的特殊情况。"而眼下,许多学校的心理教育,多半是从学生本身着眼的,对父母生理和心理的了解少之又少,因此冲突就容易出现。

应当让孩子和家长都在明白对方特殊时期特殊心理情形的基础上,通过互相靠拢与沟通,尤其是"换位思考",求得理解和宽容。如孩子在父母更年期时,遇到重大事情时,要商量,尊重父母意见,协商解决。父母生气了,应冷静分析一下生气的原因。要设身处地替父母想一想,作为子女尽量使自己保持冷静,少说两句,没有必要为小事而争吵。子女要时时告诫自己,或采取幽默的方法,转移注意力。

而这个时期的孩子,独立意识增强。他们常显示自己是有个人目标,并对自己未来负责的人。他们认为父母的意见古板过时,喜欢和同龄人在一起。但心理上的尚未成熟,使他们容易冲动,易产生对抗心理,情绪忽高忽低,时而心烦意乱,轻率之下自作主张,这极容易造成过失。家长对此要有所认识,并通过商量、引导的办法,在表示尊重的同时,体谅孩子的心理。

面对家长和初中生针尖对麦芒的情况,不少心理教育专家不约而同地提出了"温暖方案":"少争执,多商量;不发怒,多体谅;不计较,多体贴。"专家强调,通过双方的换位思考和各自的心理调节,青春期孩子和更年期家长还是有可能避免冲突,实现和谐的。

换位思考,在处理人际关系上是一个非常有效的方法。它的深层含义是两个非常重要的字——理解。孩子的每一步成长,都需要他自己的努力,有些时候并不是他们调皮捣蛋做错事,而是因为他们的能力实在有限,真的还做不好。父母首先要有一颗宽容的心,成长总是要付出代价的,如果这代价只是一个易碎的花瓶,那就少一些唠叨,或者把你的心疼、可惜之情暂存在心里。换了你,也不想打碎花瓶,但是把你的力气减到孩子那么小,你可能也拿不动它。

这三层境界,其实都是我们在人际交往中早就心知肚明的。但是,在进行亲子沟通的时候,我们往往把亲子关系看得过于特殊,而忽略了这些常用的沟通方式。如果把亲子关系看作相对独立的两个个体之间的关系,而不是隶属关系,用尊重、信任、理解的心态来对待孩子,那么亲子沟通还会有什么阻碍吗?

情景分析

情景描述:父母一味责骂孩子,没有采取良好的沟通方式,以至于子女因处于青春期没有理解父母的良苦用心而将误解变成怨恨,导致亲子之间大打出手。

思想无法产生共鸣使亲子之间不易沟通。首先,父母生活的年代和孩子生活的年代在时代特征和价值观念上往往存在着很大的差别,父母那一代所崇尚的东西也许恰恰是现代社会所忽略的,而当前孩子们所追求的也许恰恰是父母所不屑甚至是反感的。这不是某个人的问题,而是社会发展的必然结果,是时代赋予人们的整体人生观和价值观的不同导致的。其次,由于年龄原因,父母和子女无论是在思想上还是在行为上都具有符合其年龄的相应特征,这就不可避免地出现"老"的说"小"的太幼稚,"小"的看"老"的太僵化,尤其是对于正处在第二反抗期(大致在初二)的孩子和父母之间。再次,彼此之间的过高期望会导致亲子双方的失望。个体之间的差别决定了每个人对待事物的不同态度、观点、行为,只要是两个个体就必然存在差别。因此,人和人之间真正想达到共鸣是很难的,即使是同龄人也是这样,更何况年龄差别这么大的父母和子女之间呢?但是,实际情况是,父母往往非常希望子女的想法能和自己是一样的,一旦发现有什么风吹草动,便要弄个究竟,并竭力使子女按照自己的意志去行事。而对于正处在青春期的孩子来说,同样,似乎对父母的要求也很高,而且还认为是理所当然,"父母就应该理解我"——带着这样的期望,结果是对现实情况的失望。从而一方面困惑"为什么父母就不能理解我呢";另一方面情绪上抵触,不愿和父母交流,结果是越想得到理解越得不到理解。

彼此之间的不信任使亲子之间不愿沟通。作为当前独生子女一代的父母,多数情况下对自己的孩子存在着一种焦灼的心态,体现为对孩子行为的担心,对孩子的各种情况予以干涉。当然干涉不是目的,而是在对孩子的成长缺乏一种信任的前提下,期望通过自己的关注来使孩子能走得更顺利。与之相对,孩子在父母过多地干涉的同时,似乎对父母也失去了本该有的信任。就像两个一前一后奔跑的人一样,后面的人追得越急,前面的人就会跑得越快,反而更拉大了距离。因此,对孩子的成长的不信任,反而更容易让孩子封闭自己,而不向父母敞开心扉,更不利于对他们内心的了解和他们自身的成长。

做父母的要多想想孩子真正的需要。随着物质生活的极大丰富,对于物质方面的需要的满足已经不成问题。但是作为一个活生生的人,无论是成人,还是孩子,最核心、最关键的并不是对物质需要的满足。著名的人本主义心理学家马斯洛认为,人的需要是分几个层次的,生存即物质的需要是最低层次的,而向上依次是安全需要、归属和爱的需要、自尊的需要及自我实现需要。满足需要的层次越高,所感受到的幸福感就越强、越深、越持久。因此,对于孩子的内心需要的了解是非常必要的,越是内在的需要,当得到满足的时候,就越能激发他们对生活的热爱和投入生活的激情。对于正在成长中的青少年,正是他们自我意识突飞猛进的时期,这个时候其内心会出现很大的波动,非常需要他人的理解和支持。作为父母,不要认为只是满足他们吃穿住行就是尽到责任了。更多的要关注一下他们内心所想、所需、所感,尽量使他们感受到在他们有烦恼的时候,父母能够分担,并能够提出中肯的建议。

做孩子的要多想想父母内心的苦衷。每个孩子都希望得到父母的支持和理解,但父母也是常人,他们不是教育家,不是心理学家,也许从把你带到这个世界上来到今天,他们也没有探索出究竟该如何培养孩子最科学,如何引导最能让你接受。他们的困惑也许正是你将来为人父母时的困惑。何不换位思考一下,如果你是父母,你会希望子女怎么样,而你是否做到了呢?父母的奔波为了谁?这个问题问出来了,但是想明白了吗?当然是为了这个家,想一想,如果不那么奔波,你还能有这样安全、舒适的生活吗?你的学习条件、将来的发展又能得到多大的保障呢?是的,我们需要父母的理解,可是扪心自问——我们理解父母吗?对于父母的给予,自然父母是心甘情愿的,当他们带给我们生命的那一天起,就已经开始了无时无刻不在为我们付出的历程,而何时得到回报,他们可能从来没想过。对于这些,我们要以一颗感恩的心,对父母心存感激,起码是他们让我们有了对人生的各种体验,乐也好,苦也好,毕竟我们是在生活着。也不用太歉疚,因为我们的幸福就是他们的幸福,为自己拥有的一切而对父母说一声:谢谢你们带给我生命!

要了解父母,首先就要和父母有良性互动的交流。通过沟通和交流,你会了解父母对各种问题的看法。当然,这种沟通首先要做到家长与孩子人格上的平等,这是父母与孩子平等交流的前提。人格上平等表现在尊重孩子,在孩子犯错误时宽容,在孩子做事的时候把他当作大人。

如果不能平等交流,不尊重孩子的人格,不能宽容地看待孩子,带来的后果是非常严重的。作为子女,要充分尊重父母。父母提出一些对问题的看法和认识,不要断然否定。要认真倾听。他们毕竟是过来人。有着丰富的社会经验。父母年纪大了,要多体贴和关心他们。他们就会有一种很温馨的感觉。有了良好和睦的家庭气氛,和父母交流就会有更大的空间。

我们经常强调要让孩子学会"换位思考",认为换位思考对儿童良好个性的形成及社会适应具有非常重要的意义。而现在要谈论的对象是家长,那么父母也要学会换位思考。

我们知道,教育是育人的事业,人是教育的对象,也是教育的依据。认识教育的对象非常容易理解,就是我们要教育人,为人提供一个良好的环境,促进人的健康发展。而如何理解人也是教育的依据?因为人不是一个物。具体一点说,人是一个复杂的高级动物,有其自身的生理、心理特点,如果在教育中忽视了人的这个特点,教育就不可能达到理想的效果。

这种教育中"没有人",即忽视儿童发展自身特点的教育体现在我们的学校教育中,当然也体现在家庭教育中。在家庭教育中忽视儿童自身特点的现象比比皆是。

在日常生活中,我们成人往往忽视了换位思考而提出了不适当的要求,这就是家庭教育中"没有人"的一个具体表现。比如,我们家长为了培养孩子的良好行为,在孩子很小的时候,就给孩子提出了一个严格的要求"不许要别人的东西"。但实际上这个要求能不能达到呢?当然是多半达不到的。所以,成人在教育孩子的过程中,特别是对孩子提出要求的过程中,不要想当然地以成人的标准去要求孩子,必须学会从孩子的角度,考虑孩子的年龄特点,判断一下要求是否提得合理,否则长时期提出的不合理要求过多,孩子不能达到,不仅使家长失去威信,而且容易形成孩子的两面性。

家庭教育中"没有人"的另外一个主要表现就是忽视孩子的需要。特别是对于青春期的孩子来说,他们的需要形式增多,也较小孩子更强烈。如果家长忽视了他们的需要就会引起青少年强烈的心理反应,会产生逆反心理。比如青春期孩子的学习问题是家长普遍最重视的问题。家长们比较普遍的要求是你只要好好学习,什么都不用做,什么都不用管,当然孩子一些基本的需求也在其内一概被否决了,比如孩子每天必须一直坐在书桌前学习,稍微离开一会儿家长就开始督促赶快学习吧。时间长了孩子的逆反心理就会越来越强烈(当然这并不是说家长不应该督促孩子)。只是提醒家长在家庭教育中(当然是各个年龄的孩子的教育)都要有意识地考虑孩子的需要,并对其合理的需要予以一定的满足。

家庭教育中"没有人"的第三个主要表现就是对孩子兴趣和能力水平的忽视。首先是对孩子兴趣的忽视。这是基于家长对儿童的一种不完全正确的看法就是所有的孩子都是一样的,所以通过努力都能达到同一个标准,其实这是不可能的。每个孩子的兴趣、优势、智力、能力水平都是有差异的。对不同特点的孩子应该有不同的要求;家长不应该根据家长的爱好为孩子设计未来,应该尊重他们的个人选择、能力水平,为他们提供较好的教育环境。从而对他们未来的发展奠定良好的基础。现在我们的现实生活中,就有很多孩子是由于学习了家长为他们选择的专业,在上了大学以后混日子、挂科,当然大学期间就白白浪费了。还有的孩子甚至在读完大学以后就再也不想学习原来的专业,而执意要考其他自己喜欢专业的研究生,这样的例子难道还不能引起我们的重视吗?

上述我们所说的家庭教育中"没有人"的现象的本质是儿童观方面的认识的偏差,也是违背了教育"以人为本"的基本原则。在提倡科学发展观的今天,这种现象应该随着人们对儿童、对儿童教育的认识的不断深入而逐渐得到改善。

现在独生子女多了,孩子相比过去也都金贵了,大人都围着他们转,可有的时候还是捞不着好,孩子们都不理解大人啊,不知道换位思考一下我们的心情,这是许多家长常抱怨的话。最近在网上流传这样一个帖子,说的是孩子不要对父母说的几句话,这些话会对父母造成一定的伤害,以下是这九句话:

1.好了好了,我知道了,真啰唆;

2.有事吗,没事我挂了;(父母打电话,也许只想说说话,我们能否理解他们的用意,不要匆忙挂了电话?)

3.说了你也不懂,别问了;

4.跟你说多少次不要你做,做又做不好;(一些父母做了他们力不能及的事,我们因为关心而制止,但这样让他们觉得自己很无用。)

5.你们那一套早就过时了;(父母的建议,也许不能起到作用,可我们是否能换一种回应的方式?)

6.叫你别收拾我房间,你看东西找都找不到了;(自己的房间还是自己收拾好,就算自己不收拾,也不要枉费了父母的好意。)

7.我要吃什么我知道,别给我夹;(盼着我们回家的父母,总想把所有关心融在特意做的菜里,我们默默领情就好。)

8.说了别吃这些剩菜了,怎么老不听;(父母一辈子的节约习惯很难改,让他们每次尽量少做点菜就好。)

9.我自己有分寸,别说了,烦不烦。

相信上面的这些话我们每一个人在孩子的时候都说过,殊不知这些话对家长的伤害是很深的。

"子女常对父母说这些话,其实是一种亲子沟通障碍。家长与子女之间不能建立有效的沟通交流关系,随着孩子逐渐长大,这样的障碍会让子女与父母之间的代沟越来越深,不能相互了解,相互理解。"郑州心理咨询中心专家分析,习惯说这几句话的子女,如果是未成年人,很可能是父母的教育方式不当,家长永远把孩子当成孩子,以高高在上的教育者姿态自居。而随着孩子的成长,他们的知识越来越丰富,家长越来越跟不上孩子的节奏。另外,家长没有站在孩子的角度为孩子去考虑,没有给孩子应有的自尊。

对于成年的孩子来说，应该多理解、尊重父母，父母所做的一切肯定都是为了孩子。"理解尊重父母，是对父母最好的回报。孩子的成长环境跟父母当年的成长环境有着天壤之别，子女应该多去了解自己父母成长的故事，从内心里去感受父母对子女的一些行为方式，这样才能更好地理解父母，懂得感恩。先学会换位思考，不论家长还是孩子。"专家建议。

回音壁

换位思考是人对人的一种心理体验过程。人与人之间面红耳赤的争吵，完全是可以避免的，其万能的法宝就是学会换位思考，经常站在对方的角度想想。在我们日常的工作学习和生活中难免会遇见意见不统一甚至对立的时候，双方应本着商量讨论的原则解决问题，这样误会甚至怨恨会更少。

小故事 1

一头猪、一只绵羊和一头奶牛，被牧人关在同一个畜栏里。有一天，牧人将猪从畜栏里捉了出去，只听猪大声号叫，强烈地反抗。绵羊和奶牛讨厌它的号叫，于是抱怨道："我们经常被牧人捉去，都没像你这样大呼小叫的。"猪听了回应道："捉你们和捉我完全是两回事，他捉你们，只是分你们的毛和乳汁，但是捉住我，却是分我的命啊！"立场不同，所处环境不同的人，是很难了解对方的感受的。因此，对他人的失意、挫折和伤痛，我们应进行换位思考，以一颗宽容的心去了解、关心他人。

小故事 2

你是你，我是我，你不是我，我不是你，但你把我当成你，我把你当成我，这样就换了位，再思考一下……一对夫妇坐车去游山，半途中下车。听说后来车上其余的乘客没有走多远，就遇到了小山崩塌，结果全部丧命。女人说：咱们真幸运，下车下得及时。男人说：不，是由于咱们的下车，车子停留，耽误了他们的行程。不然，就不会在那个时刻恰巧经过山崩的地点了……换位思考的实质，就是设身处地为他人着想，即想人所想，理解至上。人与人之间少不了谅解，谅解是理解的一个方面，也是一种宽容。我们都有被"冒犯"、"误解"的时候，如果对此耿耿于怀，心中就会有解不开的"疙瘩"；如果我们能深入体察对方的内心世界，或许能达成谅解。一般说来，只要不涉及原则性问题，都是可以谅解的。谅解是一种爱护，一种体贴，一种宽容，一种理解！

作为子女，在沟通的问题上，你换位思考了吗？

作为父母，在解决沟通的问题上，您换位思考了吗？

第九章 走近父母,交流心声

越来越多的中学生希望得到多层次和横向联系的知识,他们不满足于纵向的传统的封闭式的知识,以求更新知识,扩大知识面。新颖、独特、先进是当代学生所追求的:解题时独特的解法,探讨时逆向的思维,争辩中与众不同的见解,写作中新奇的构思,他们用自己的视觉去观察事物,审视世界,用自己的多向思维去分析问题,探索规律,不喜欢人云亦云。

好奇、爱幻想也是当代中学生的特点。"缺乏幻想的学者只能是一个好的流动图书馆和活的参考书,他只掌握知识,但不会创造。"莱辛的这句话千真万确,当代的中学生可不愿做"两脚书橱式"的学者。

当代的中学生不仅求知欲强,而且渴望得到父母的理解。许多学生跟父母思想有隔阂,其主要原因是不少父母喜欢用老眼光看待他们的一言一行。不是吗?随着物质生活的富裕,人们的追求也在提高,爱美是青年的特性。中学生也不例外。穿戴得漂亮些有些家长就说什么思想变了,忘记了"新三年,旧三年,缝缝补补又三年"的所谓"艰苦本色"。课余时间听听音乐,唱唱歌,也说什么不行。这些都为中学生普遍反感。时代在前进,五彩缤纷的生活火花,对中学生也产生了多向性的吸引力。多数同学呼吁,请父母理解,我们追求朴素大方的美,不追求资产阶级堕落的"美"。我们的美,反映出时代的生气,我们没有忘记艰苦奋斗的革命传统。轻松明快、热情奔放的音乐使我们兴奋、愉快,能使我们更好地投入学习。渴望大自然的熏陶,渴望友谊,也是年轻人的心声。

明镜台

【案例一】

晓晓是某中学初三的学生,自从上了初中后学习成绩一直不好,父母又非常担心她在学校谈恋爱,为此,她和父母吵过的架已经不计其数。期间,她多次要求退学,但是都挨了父母的骂,父亲有一次甚至差点动手打她。近日,在父亲的要求下,她不得不跟随父亲来到另外一个城市。晓晓对记者说,她的父亲从来都不信任她,带着她出来名义上是让她出来散散心,实际上是怕她在学校里谈恋爱。

说话时,晓晓一直苦笑着,她说,她的家庭很富裕,父母都做生意,她和妹妹上幼儿园、小学都是车接车送,在别的同学眼里总能看到美慕的目光,人们却很难知道,她的父亲非常蛮横霸道,这让她一直无法忍受。她是那种特别爱美的女孩儿,喜欢打扮,不过平时要买什么衣服她从来做不了主,父亲总要出面干涉。她上小学时的学习成绩不算优秀,但是却是全校的大队长、女播音员,自己感觉很风光,父亲对她的这些成绩却从不买账。在父亲眼里,学习好就是一切,因此,成绩较好的妹妹就成了父亲的宠儿。上初中后,她开始在学校住宿,离开了父亲的约束,她一下子轻松了很多,不管是好事儿还是坏事儿,只要是以前不敢去做的事情,都要尝试,这样做,她的心里感到很痛快。慢慢地,她竟然成了老师眼中的问题少年,父亲得知后,对她越发失望,两人的关系更加紧张。

【案例二】

"我有什么事儿从来不和父母亲说,也不可能和老师说!"内蒙古某大学附属中学学生小美这样对记者说。她说,父母每天的工作很忙,休息时间很少,特别是她上高中后更是早出晚归,一家人都养成了各自忙各自的事情的习惯。父母除了每天简单地询问她的冷暖、吃喝之外,很少了解她的内心情感,他们之间也很少交换意见、交流思想。有心事儿的时候,她就找同学或者好朋友倾诉,觉得她们更能理解自己,听听她们的劝解和安慰,心里就会舒服多了,很快就会没事儿了。如果和父母说了,父母总会表现得过分担忧,会有很多不必要的麻烦。久而久之,她养成了有事儿自己解决的习惯。现在,她觉得自己长大了,也能理解父母的苦心,有些事儿知道应该和父母商量,但是怕父母太辛苦,于是干脆自己拿主意。

【案例三】

小林爸爸苦恼地说："自从孩子上了中学,回家话越来越少,我们也经常找机会跟他交流。刚开始他还会说说学校的事,现在根本就不作声了。再说现在功课繁重,也没有时间交流。"后来老师通过小林的好朋友了解到,他情绪低落是因为最近父母经常发生争执,争吵很厉害,他很担心父母会离婚。得知小林的担忧后,父母感到很吃惊,因为他们从来没有想到过,也不可能离婚,完全是小林误会了。

智慧树

案例一中的晓晓没有尝试着与父母沟通,说明为何在学业上有如此的想法,而父母没有运用更好的教育方式来教导孩子,使亲子之间没有更好的和谐性交流,最终造成不必要的家庭战争。

案例二中的小美是从幼稚慢慢走向成熟,开始没有理解父母的一片苦心,而随着年龄的变化,小美开始理解父母的苦心。

案例三中,仔细想来,小林的误会完全是因为和父母缺乏有效的沟通。在谈到与孩子的沟通时,不少家长觉得自己还是很重视的,经常想到会找机会和孩子聊聊,但是随着年龄的增长,尤其是进入青春期后,很难与孩子进行深入的交流,也越来越不了解孩子在想些什么。

小林说:"每次跟父母谈话,出不了两分钟,父母就开始教育我。总是他们有道理,更别说谈谈什么想不通的事。"小林的父母则说:"我们说的话他都听不进去,要么是顶嘴,要么是一转身进房间。"有效交流的前提是双方能够以平等、接纳和互相尊重的心态倾听。在咨询室中,咨询师让亲子双方做了一个"用十分钟听,用十秒钟问"的交流,首先由小林说说自己心里的困扰和担忧,父母只能对不清楚的地方提问,并向小林核对自己的理解是否有误。再由父母说说自己的困扰,小林对不理解的地方提问并核对。双方都惊奇地发现原来倾听是那么重要。

很多时候,当交流双方都只期待对方接受自己的想法时,就会忙着要滔滔不绝地说。家长滔滔不绝地说,在孩子听来,就好像是教训、指责、批判,完全不是他们内心对交流的期望。通常当家长在交流中处于强势和操控状态时,孩子只能选择沉默或回避。在个别情况下,当孩子想争夺发言权时,就会出现争吵。

交流原本的目的是了解对方,也让对方了解自己。带着接纳和尊重的心态去倾听,才能够发现对方内心的需要,并互相给予对方适当的关怀。站在对方的立场上,专注地倾听,设身处地理解对方的想法,说话的人才能够体会到被尊重,自己的感受被重视,才会愿意更进一步表达自己的想法和心情。真正意义上的交流由此开始。

父母和孩子们,当我们觉得也有一些小林那样的沟通困难时,不妨来做一做"用十分钟听,用十秒钟问"的游戏,让我们耐下心来,保持沉默,专心地听一听对方说了些什么,当我们不念着去影响和改变对方时,也许改变就发生了。

根据心理学家研究表明,融洽的亲子关系能更好地培养青少年的家庭角色和社会责任感。对于中学生来说,生理、心理都在发生着明显的变化,自我意识不断增强,在这一时期,与父母的关系如何,直接影响着父母对其教育的效果,有着极为重大的意义:(1)有利于孩子智力和人格的健全发展。(2)有助于孩子个性的和谐发展。(3)有益于促进孩子的生理和心理健康。我们身边屡屡发生的学生厌学逃学、不按时完成作业、与父母顶撞等现象,均与家庭中的不良亲子关系有关。心理专家们认为这是学生"亲子关系危险期"的一种反应。由此看来亲子教育迫在眉睫,那么我们要主动走近我们的父母,更便于与父母交流心声。

与父母和谐相处之技巧一:"关心"。

1.创设情境:好,先让我们来看这样一个事例:有一天放学后,爸爸妈妈因为谁做饭的问题在吵架,你会怎样做?

2.角色互换:好,现在让我们来做个游戏,假定你就是刚才的那位爸爸或妈妈,对于你孩子的表现,你又会怎么想怎么说呢?(爸爸、妈妈在吵架。你的孩子放学回家了,只见他——示意学生演。请问,你会怎么说?你现在最想说什么?)

3.学生自悟:同学们,听了爸爸、妈妈们的话,你懂得了什么?是的,我们对父母的关爱对父母来说是最大的安慰。(板书:"关心")

与父母和谐相处之技巧二:"体谅"。

1.创设情境:可是,你想过没有,当我们的一片赤诚之心不被父母所理解时,你又会怎样呢?还是接着说刚才那件事,我们关心爸爸、妈妈,想了很多办法让爸爸、妈妈开心。可他们不但不领情,反而冲你大发脾气。(教师演。)遇到这种情况,说心里话,你又会怎么想、怎么说、怎么做呢?教师根据学生的回答随机点拨:这是一种情况,那么,你的反应是怎么样的呢?谁还想说?

2.角色体验:那么,"我"这样的表现会产生怎样的结果呢?请刚刚发言的这几位同学上来,现在,我要随意抽几位同学演爸爸或妈妈。请爸爸、妈妈们根据这几位孩子的表现做出相应的反应。同学们,看了刚才这几组镜头后,你有什么启发?你想到了什么?

3.学生自悟:是的,我们的爸爸妈妈也有工作的压力,他们和我们一样需要关心和帮助。所以,我们要多多"体谅"父母。(板书:"体谅")

与父母和谐相处之技巧三:"表达"。

1.启发谈话:提起"沟通",让老师想到了"表达"。我们有一种理念:越是亲近的人,就越不愿表达,或是不善于表达。我们很想说:"爸爸妈妈,我爱你们!"但是,更多的时候,我们把它埋在了心底,这有时候就阻碍了我们与父母之间的沟通。

2.聊天——请想想:你与父母聊过天、谈过心吗?你们都说些什么呢?教师演父母的角色:来,妈妈在这儿,孩子,什么事令你这么不开心?你碰到什么烦心事了?跟爸爸说说,好吗?(师生即兴演示)与父母聊天,你感觉怎么样?

3.崇拜——那么,你崇拜过自己的父母吗?比如说,当你看到妈妈做了一桌子的好菜,知道爸爸在单位里很出色,你会对他们怎么说?猜猜看,父母当时的反应会是怎样的?所以当父母在工作、学习上取得成绩时,老师建议你把对父母的赞美表达出来。

4.祝福——大家给爸爸、妈妈写几句话,表达你对他们的问候与祝福。然后,请爸爸、妈妈写一封回信。你们知道吗?我们简短的一声问候与祝福竟让我们的爸爸妈妈们激动不已。下面,老师就把爸爸妈妈们的部分回信读给大家听。我想此时此刻,大家一定有很多心里话想说吧,你现在最想说什么呢?

情景分析

情景描述:诚心诚意地投出善意的一球,对方却狠狠地把它踢回来……难道你不曾有过这样的经验?每个人都希望自己投出的球能被别人接受!每个人都希望有人倾听自己的心声!每个人都希望自己的存在受到肯定!那么多人期望被别人接受,可是,到底有谁会接受他们呢?

情景描述所反映的现象很普遍。很多父母用自己的观点和价值观来要求自己的孩子,孩子受到年龄和生理叛逆期的影响,不一定立即理解父母为自己做的一切,偶尔会埋怨父母。在生活中,孩子没有主动和父母做到及时的沟通,不愿意说太多自己的心里话,害怕父母不仅不赞同还会招来无名的训斥,所以这便是亲子之间出现误解的重点。作为我们青少年,要多与父母交流,走近父母,更好地和父母交流心声,父母不一定会肯定我们的想法,但是没有尝试就瞬间否定的事情,不应该让它存在!这样,在生活和学习中,我们投出去的球无论掷出多远,都会有回应的!

现在的问题学生越来越多,一个问题学生的背后就有一个问题家庭。主要原因是,一开始,家长的抚养和教育意识存在缺陷,从目前的调查情况来看,许多父母依旧对孩子采用单项的教育方式,即孩子必须服从父母的意见和想法,必须依照父母的方式做事,和孩子处于不平等的地位,日积月累,孩子就产生了逆反心理,从而引发矛盾。第二,家庭教育方法和方式存在问题。许多父母鉴于自身的知识结构和素养,采用了不合理的打骂、威胁等不合理、不科学的教育方式对待孩子,加剧了和孩子之间的矛盾。此外,随着社会的进步,孩子和家长在价值观上会存在很大差异,双方关注和关心的问题不一致。对此,增进理解是最好的沟通方式,坐下来心平气和地好好谈谈话,不论对或者错,听听彼此的想法和声音都会有好处,孩子慢慢地就会理解父母的良苦用心,父母也能够知道孩子的想法,最终协调矛盾。去年,一个学校的一个班级举办了一次叫做"懂你"的活动,事前并没有告诉学生和家长活动内容,而是现场让每个父母和学生说出自己心中的想法,当一些学生听到父母的真情告白后失声痛哭,很多孩子当场跑到父母跟前说出"妈妈我错了""爸爸我爱你""我以后再也不惹您生气了"之类的真心话,一些家长也纷纷表示,他们从来都不知道孩子有这么多想法和主意,以及内心未表达过的对父母的爱。庞建中建议,父母要从孩子很小的时候和他们建立亲密、平等的关系,建议家长多陪陪孩子,也希望孩子能够多理解父母。

最容易和父母发生冲突的时期就是孩子的青春期。这时,处在人生花季中的孩子,说大不大,说小不小。他们对世界已经形成了自己最初的体验和认识,并因此开始对父母的管教感到反感。当然,父母也有苦衷:孩子正在人生的十字路口,不多说两句行吗?可是,您知道您说过的话、办过的事有哪些是让孩子最"烦"的吗?这是处在青春期的孩子们总结出的对父母的八大"烦",虽然有些稚嫩,有些意气用事,却是最真实的情感:

一、爱之初体验——父母偏偏要捕风捉影,烦!

谁在少年时没有对异性产生过朦朦胧胧的好感?这是再正常不过的现象。无非是隔壁班的一个女孩长得漂亮,平时有意无意多看她两眼;或是男孩女孩之间说话投机,偶尔一块儿骑车上学或是放学回家。

父母们却似乎忘记了他们也曾有过的单纯而又美好的少男少女时代,都变得神经兮兮的。于是,"早恋"成了父母、老师的敏感话题,他们要结成统一阵线将所谓"早恋"的幼苗扼杀。一篇暧昧的日记,一份可疑的生日礼物,一个异性同学的登门来访甚至电话,都将作为蛛丝马迹记录在案。一旦有了"足够"的证据,父母们就开始好言相劝或者是严刑逼供。待到此时,孩子已经忍无可忍,烦不胜烦了。

二、考名牌大学——父母总要拔苗助长,烦!

考试是孩子心中永远的痛。踏入高等大学校门——进入一所名牌大学,是家长们的一个终极梦想。所有为之付出的堆积如山的作业,应接不暇的补习,都被父母的一句"还不是为了让你考上大学"给轻描淡写过去,孩子苦笑着不再计较了,可心里真觉得烦。

我的一个表妹就常常诉苦说,现在不是都讲素质教育了吗,可是父母还是拿成绩单来衡量我们的价值,我们都快成考试机器了!

三、电话诉衷肠——父母时常秘密监听,烦!

孩子和孩子总有说不完的话,可是学校里课连着课,连中午都要自习,放了学又得赶快回家,课间休息 10 分钟,又怎么够呢? 还好,有电话,可以调侃一下今天老师上课时出的洋相,评论一下班里同学的是是非非。

可是这个时候,爸爸妈妈总要来插一脚。同学来电话时,先得被父母审问一遍:"你是谁? 叫什么名字啊?"甚至有时还要详细到家住哪里,父母贵姓,从事何职业。好不容易电话交到孩子手上,父母还不放心,跑到另外一个房间"进行电话监听"。现在的孩子也很精明,父母一拿起电话分机,孩子就知道该说什么不该说什么了。表面上相安无事,心里却在说:"烦不烦啊!"

四、安排作息表——父母搞军事化管理,烦!

孩子的作息时间表由父母严加掌管。几点起床、几点睡觉,父母都按军事化管理,容不得任何差错。想赖床? 就 1 分钟? 没门! 父母总是不失时机地告诫着孩子:"马上要高考了,现在是只争朝夕,怎么可以把大好光阴浪费在睡觉上?"

到了晚上,孩子想要晚些睡,父母又要出来干涉:这么晚了,怎么还不睡? 再不休息,明天就会没精神了。一连催了 5 遍之后,孩子实在是烦了,搞得连自己熬夜到底要干什么也忘了。只能在心里想着"还是快快长大,快快独立,到了那时,就不用再烦了。"

五、我要看电视——父母设下障碍重重,烦!

孩子嘛,终归是爱玩,看电视是每天的重大节目,可爸爸妈妈又来烦他了。

看个动画片吧,他们又要说那么大的人,总是看小朋友看的东西,长不大了;看个搞笑的节目,他们又要说这种节目没有深度,无聊又没品位;听听流行音乐,他们又说这是靡靡之音……总之,每次都烦得够呛,让孩子从内心深处感觉到:还是整日读书、睡觉最好,至少图个清净。这不,刚打开电视,父母又来了。就像一句广告词:"烦,无处不在。"

六、身体是本钱,父母时刻补品伺候,烦!

现在孩子要应对那么多的大小考试、竞赛,外加课外活动,够辛苦的,父母当然心疼。再说,身体是革命的本钱,身体不好,又怎么有足够的体力和精力去学习呢? 于是营养和补品要跟上。于是,家长们有钱的出钱,有力的出力,常常是早上起来洋参含片1粒,保证充足的体力,外加1粒"脑轻松",加强记忆。放学回家是各类水果,补充水分和维生素。然后是丰盛的晚餐,作为一天的犒劳。

晚上作业做了一半,妈妈又会来敲门:"宝贝,来来,喝碗汤,提提神。"可是孩子要发火了:"小小年纪,吃啥补品呀? 别理我,烦着呢!"

七、网络多精彩,父母偏要如临大敌,烦!

如今,上网可是孩子们的普遍爱好。畅游网络,不但可以获取大量的信息,还能结交各种各样的朋友。孩子要浏览网站,父母生怕他们涉足某些有个别颜色的,中了毒,于是在一旁严阵以待,孩子身后有双眼睛盯着,心里那个烦啊。

八、美丽不是罪,父母却要横眉冷对,烦!

爱美之心,人皆有之。小小孩还不懂什么美不美的,可男孩女孩到了半大不小的时候,也就开始萌发出爱美之心。他们开始注意起自己的发型衣着,对流行信息也颇有一定的敏感度,而且还敢于尝试。两代人之间审美观念有差异,所以,总是烦不完的烦。

面对身心都在变化的青春期孩子,除了要多些赞扬、与孩子平等交流外,还应向孩子"索爱"。下面就"家长如何与青春期的孩子沟通"同家长进行交流。

1.一定要先理解对方,再进行沟通

作为中学生,学习、感情上都存在着多方面的压力,我们总想寻求理解,家长应该看到这一点;但事实上,家长在社会、工作、家庭中的压力远比我们大得多,我们应该学会感激、学会理解。

2.要了解沟通的重要性

资料显示:"在我国,约 32％的中学生存在心理问题,原因是多方面的,分别来自家庭、社会、学校。表现形式也多种多样。而在这其中,学习压力感是造成此问题最主要的原因。"

有一位女生说道:"我觉得自己很无能,一看到父母对我充满希望,就非常难过,总觉得对不起他们。我也在努力,可不知如何才能达到他们的要求。现在我一看到书本就烦,不想学了。"

你有和这个女生一样的感觉吗? 是什么让你有这种感觉的? 你觉得这是家长的问题还是你的问题?

家长对孩子的希望或要求,往往会形成很大的压力。然而家长的希望确实没有什么不对的地方。望子成龙,望女成凤,再正常不过了。只是,家长应该把自己美好的愿望表示为对孩子的一种鼓励、期待。让我们觉得家长对自己有信心,即使暂时的失败也不会畏惧。这就需要我们掌握良好的沟通方法。

你认为什么才是良好的沟通方法?

3.沟通时要注意方式、方法

第一招:"读心"术。大家要了解父母,孝敬父母。如在节日或父母生日时送点礼物表达心意,或一同外出联络感情;多利用言语表达你的关心,如早上要向父母说声"早晨好",外出时要向父母说声"再见"并交代预计回家的时间等。

第二招:"出击"术。每周主动跟父母一起做几件事,边做边交流;每天可在饭前饭后,和父母主动谈谈自己的学校、老师和朋友,高兴的事或不高兴的事,让家人一起分享你的喜怒哀乐。

第三招:"责任"术。除读书学习外,还要积极协助父母做家务,主动分担一些家庭责任,比如洗碗、倒垃圾、擦地板等。

第四招:"协议"术。与父母协商签订沟通协议书,在协议书中,除了对自己提出要孝敬、尊重父母的要求外,也对父母正确养育教导孩子的行为做出要求,并随时在家庭生活中进行监督。

第五招:"倾听"术。当被父母批评或责骂时,不要急于反驳,不随意发脾气、顶嘴,避免不小心说出或做出伤害人的事,试着平心静气地先听完父母的想法,这样也许会真正理解你的父母。

4.双方都要主动沟通

对于主动沟通,许多学生或家长都觉得"难以开口",总想等待对方先说,这是不正确的。设想一下,如果双方都这么想,那么即使知道沟通很重要,或是了解方法、方式又有何用,心里许多话,却从不说,这样是不会进行沟通的,双方的距离也会越来越远。然而如果一方主动,则稍好一点,但主动方不免觉得有点"冤","为什么总是我先说,是不是他不爱和我沟通",则使沟通很难维持,所以双方都应主动一些,把自己的想法告诉对方,这样的沟通才更长久。

5.沟通需要时间,不能急于求成

无论学生还是家长,都不要"急于求成",沟通需要很长时间,不是通过一两次的谈话就能解决问题的。如果你认为短期没有效果,就觉得这办法"不灵",就不再继续沟通了,这显然是错的。这样会使你之前的辛苦白费,也会使你不信任"沟通",不再沟通。这样问题将永远得不到解决。俗话说"心急吃不了热豆腐",因此沟通需要时间,要慢慢来。

常言道:"快乐与别人共享,快乐可以增加一倍;痛苦与别人分担,痛苦可以减少一半。"其实说的就是沟通的重要性。那么,如何与家长沟通呢?其中最冷静的办法就是找到分歧的症结所在,寻找解决问题可能涉及的多种方式;最有效的办法就是"换位思考",多从对方的角度出发看待问题。在交流和沟通的过程中寻找"共同语言"。另外,沟通中还要懂得并善于"妥协",退一步海阔天空!掌握了沟通的窍门,那你还等什么?赶快向你的父母说说心里话吧!

一定要平心静气地和父母沟通,最好是能把父母看成自己的好友,发生了争执的话,要先想想自己在这件事情上有没有做得不太好的地方或者是不对的地方,如果是自己的问题要自己反省改正错误、如果是父母有什么不对的地方,不要与其争吵,要做下来与父母沟通一下,相信父母也会接受你的看法。而且在解决这个问题时双方都要冷静,因为烦躁是解决不了问题的。只有这样才能更好地与父母沟通,加深彼此的理解。人与人之间,是"以心换心"的,你与父母也是这样的。首先,你应该做到诚恳地和父母说出你希望他们怎么样?你对他们不理解的地方是什么?找个轻松的时候,与父母交心吧!在说明时,也许会产生这种情况,父母觉得你是小孩,对你的想法不屑一顾,千万不要因此和父母发生争吵,因为他们是长辈,我们应该尊敬他们。这时你可以采取书信的方式来与他们说。其次,你也要在与父母谈心时,了解到父母的想法,指出他们让你费解的地方,你也要力求理解父母的内心。只要你们双方互相坦白,互相交流思想,实际上是没有什么代沟的。希望你与父母早日成为知心朋友。

回音壁

早熟孩子的心声:该怎么和父母沟通?

家长:孩子不愿意听我们的话,对孩子究竟该怎样教育才合适?

专家:父母应该在尊重孩子的前提下,与孩子一起"相互学习,共同成长"。

校园暴力、性行为低龄化、烟酒网络成瘾、不良情绪导致自杀或离家出走行为……青少年健康危险行为引起了社会各界的强烈反响。

含辛茹苦的家长们对待"早熟"的一代,有着怎样的困惑?为众人所瞩目的孩子们,又有着怎样的心声?专家对青少年健康危险行为有何良方?该报特别采访了儿童教育专家、部分家长和孩子,与读者分享他们的感受。

孩子心声:我和父母互相说服真的有困难

心声1:

报道中的个案我都能理解

阿忠(16岁,男,职中二年级学生):看了关于早熟孩子的系列报道,第一感觉就是"麻木"。老实说,报道里提到的事情我全部经历过。可能现在人长大了,慢慢成熟,就会觉得以前做的事情都是在折磨自己……

不过,从无知到有感触,也是一种滋味。所以,报道里面讲到的个案,我都能理解。

我觉得很多同龄人就是不知道该怎么发泄压力。有些人就自暴自弃,有些人就依赖上网或者打游戏机,甚至有人走向极端。

对我来说,家里人最大的问题就是总把我当成不懂事的小孩,总是用一句"我吃的盐多过你吃的米,听我的没错"来否决我的观点。其实就是因为家长不理解和施加压力,才会让我们有反抗心理,更放纵自己。而且外界的东西一学就会,所以我们就慢慢地变了。

其实有时碰上和爸妈有矛盾交锋,如果我是错的我一定会改,但是他们蛮不讲理的话,我会坚持自己的想法。我和他们想法不同,立场也不一样,互相说服真的有困难。

心声2:

我做的事情爸妈总是不认可

林林(13岁,男,重点中学初二学生):很多时候,我做的事情也愿意跟爸爸妈妈讲,可是他们不认可,又喜欢讲一堆大道理来批评我,后来再不愿意多说。其实,我喜欢看的书,我喜欢做的事,我希望妈妈也一样都喜欢,不要老觉得我无聊。比如,同学托我买玩具,给我"劳务费",我觉得通过自己的辛勤劳动赚到钱很自豪,可是妈妈却觉得我帮助别人不应该收钱……

心声3:

看到迷途的同龄人觉得很悲哀

EMY(17岁,女,普通中学高三学生):看到那些迷途的同龄人,真觉得悲哀,只能做好我自己。但我们真有这么差劲吗?我还是相信我们之中也有很多优秀的人。

家长感言:孩子个性成长令人忧心

感言1:

影子(在佛山某大型事业单位任职,是一名13岁男孩的母亲):她认为,早熟的孩子热情大方,"他们也拥有比我们那个年代更多的见识。像我儿子,很多事情一点就通,第一次去外国旅游,也能很自然地用英语和当地人交流"。

但早熟的孩子也表现出一些让家长们很操心的个性,比如娇生惯养、缺乏意志力、盲目自信等。她觉得他们对社会一知半解,缺乏包容。"我们这个年代的人会尊敬长辈,不顶撞;处事低调,宁可息事宁人,儿子这一代却眼里容不得沙子。比如说学校给学生订牛奶和水果,他却认为学校强迫消费要去投诉;上课看课外书被老师没收了,他又说老师这是非法侵占他人财产……"

她认为,每个家长都对孩子的学习、升学问题最为关注。"我们夫妇俩觉得儿子的学习方法有些问题,给他总结归纳,让他改进。但孩子却说他可以找到适合自己的方法,不愿意听我们的话。"

感言 2:

我都不知道该怎么做母亲了

张女士(单亲家庭,一名 14 岁男孩的母亲):"应该给小孩子充分的自由度和空间,让他去发挥。"她告诉记者,这两年儿子小南逐渐步入青春期,个性明显强烈了许多,"我都不知道该怎么做母亲了"。

"其实他已经做得很好了,但我还是不由自主地要求他更加完美,给他很大的压力。"由于是单亲家庭,张女士说儿子比其他小孩更早懂事,她很欣慰,但她又看不惯儿子有半点不积极,一旦小南想玩一下,她常常下意识地厉声呵斥,招来的后果却是孩子脾气也越来越大,母子关系开始紧张,"我只想培养出来的是到处都受欢迎的男孩子,没有意识到他已经长大了"。

张女士说,小南同样也出现了早熟孩子常见的"早恋"问题,在 13 岁左右就喜欢了一个女孩子。由于母子俩相依为命,张女士跟儿子有时候就像姐弟一般无话不谈,她找了个机会拉孩子坐下,像大姐姐一样与他分享,建议孩子怎么处理,最后小南留下了一句让她感动的话:"妈妈放心吧,我知道怎么做。"

专家把脉 1:

应学会与孩子相互学习共同成长

中国青少年研究中心副主任、研究员孙云晓:青少年成长于新时期,充满了与前人不同的特点与个性，如何跟他们相处、沟通，成为很多父母的难题。父母应该保持的心态是"相互学习，共同成长"。

孙云晓说，父母向孩子学习的前提是了解孩子，了解时代的变化，发现孩子的优点，而了解孩子的前提是尊重孩子。孩子是独立的人，是逐步走向成熟的人，因此，成人应尊重孩子的成长需要，尊重孩子的人格尊严，这是向孩子学习的重要保障。当孩子的言行成人不能理解时，切忌匆忙下结论反对，应三思而后行。

欣赏孩子的优点是向孩子学习的主要条件。优秀的父母与教师总是善于发现孩子的长处，并给予积极的鼓励。当然，教育不能没有批评，不能没有惩罚，但越是批评与惩罚孩子，就越要尊重孩子，用唤醒自尊的方式促使孩子不断进步。

除此之外，还要与孩子平等相处，建立对话式、交互式、融洽式的教育模式。

专家把脉2：

家庭教育方式不当给孩子增加心理压力

穗港澳青少年研究所专家涂敏霞：最近的一项调查结果让我非常吃惊，竟有六成的年轻人认为家庭教育方式的不恰当影响了他们的健康成长。这个比例在以前的调查中从来没有这么高过。家庭教育中存在的粗暴、冷漠等种种问题是不容忽视的。

对于家庭教育，家长应该尽量实事求是，不宜采取不切实际的方法，比如说孩子的学习成绩水平明明只能是中等，却非要他考进全班前10名；孩子明明对艺术不感兴趣，却强制他去学钢琴、学画画等。这些都是不科学的方法，只会给孩子徒增巨大的心理压力，而且找不到积极的释放途径。

针对青少年中性行为低龄化的问题，一方面现在青少年的青春期发育的确已经提前；另一方面他们通过媒体、网络等途径接触的信息也非常繁杂，容易模仿，早熟孩子的身心发育都比以前的孩子提前，这是必须正视的现实。

所以，青春期教育的年龄段应该下移，从小学四五年级开始便有必要开展青春期教育了，并且不同年龄段的孩子的教育内容应有系统的相应前移。

第十章　搭建心灵沟通的桥梁

每个人的内心世界就宛如彼岸与此岸,人与人之间的差距与分离就好像两岸之间滔滔不绝的江水。要想到达彼岸,就必须建造一座坚固的桥;要想走进他人的内心世界就必须建造一座通向心灵的桥——学会沟通。

明 镜 台

【案例一】

令潇潇,女,14岁。现在与父母亲情冷漠,拒绝与家长沟通,经常离家出走。原因就在于,父母经常剥夺她发言的权利,有什么事都不得申辩,只能由父母数落和指责。同时,面对她的不足与错误,父母非打即骂,不注意引导。开始,潇潇有什么事还和父母谈谈。但得到父母多次的打击后,慢慢地不愿意与父母交流。基本上不再主动找父母说话,有时父母找她谈心她也不理。时常不回家,一回家就躲进自己的房间里。久而久之,亲情链条出现断痕,造成亲情冷漠。

【案例二】

周六晚饭后,强强想:今天爸爸妈妈可以陪自己玩一会儿了。可是爸爸的手机响了忙着谈事情,妈妈收拾完东西就忙着洗脸做美容。强强到爸爸面前请求:"爸爸,陪我下会儿象棋吧!"爸爸不耐烦地说:"一边去,没见我正在谈事情吗? 找你妈玩去!"去找妈妈,妈妈更凶:"不要烦我,我忙着呢,这么大了还缠人,去看电视!"强强一脸沮丧地回到卧室抱着玩具狗哭着哭着就睡着了。

【案例三】

孩子不小心把水杯打碎了,妈妈看到了,这样批评孩子:"你又打碎杯子了,真是又笨又蠢,家里的东西都快被你破坏光了。"

"才不呢,你也又笨又蠢,上次的××就是被你弄坏的。"

"什么,你竟敢用这样的态度对妈妈,反了你了……"妈妈实在是太生气了,最后忍不住打了孩子。

智慧树

上述案例一反映的是父母没有注意与孩子的沟通方式,却不管孩子能不能接受,按自己的方式去沟通,这会让孩子反感,甚至拒绝与家长交流,教育就无法进行。因此,家长要想教育好孩子,必须懂得沟通的方法和技巧,才能建立良好的亲子关系。

案例二中强强希望爸爸妈妈能陪自己玩一会儿说明孩子有与父母沟通情感的心理渴求,可是父母却用"忙"这个字阻挡了亲子间的情感沟通。现实生活中,有许多类似强强的孩子,他们的玩具很多,物质上什么都不缺,但他们希望父母能抽出时间陪他们玩一会儿,说说最近发生了什么有趣的事情,他们在哪些方面进步了,等等。如果家长忽视了孩子的这种情感需要,时间一长,孩子就会变得不合群,缺少爱心,对他人越来越冷漠,进而成为"冷血动物"。家长不要以为对孩子物质上的满足就代表给了孩子一切,其实,心灵上的沟通比物质给予更重要。孩子的愿望也是很容易满足的,只需要父母抽出点儿时间和孩子聊聊天,给孩子一些撒娇的机会,陪孩子玩些小游戏,关心孩子在学校发生的小事情,周末陪孩子出去玩玩,让孩子感觉到父母虽然很忙,但非常疼爱自己、在乎自己,就已经满足孩子的需求了。

在案例三中我们可以看出,虽然孩子对家长的态度不对,但孩子的这种态度确实是由家长侮辱性的语言所激起的。这就是家长把自己的情绪和对孩子的教育混在一起所引起的后果。

当家长把自己的情绪和对孩子的教育顺利地分开时,家长就能用理智的方式去教育孩子,而此刻也更能激发孩子的理智行为。在这种情况下,教育才能达到最完美的效果。

很多父母都有这样的感受：孩子愈大愈难与他们沟通。其实，父母如能不以强者的权威压制孩子，往往会得到孩子相对的友善。同时，"沉默"也是一种有效的沟通方式，可以避免冲突时的言语伤害，可以使你冷静下来，重新去思考，这对维持亲子间的良好关系有一定的帮助。因此，父母在与孩子沟通时应掌握许多技巧，以便更好地增进沟通。

多用赞美之词和身体语言。必须让孩子知道，无论在什么情况下，你们都是爱他、支持他的。不管他说了什么或做了什么，或许你并不接纳他的行为，但依然关爱他。有时只要简单的一句话"很好""真是我的好孩子""我也这样想"等，就能让孩子觉得受到了你们的认同。有时不说话，而利用身体语言，如微笑、拥抱和点头等，就可以让孩子知道你是多么疼他，不只是在他表现良好时。

身体接触表达亲昵感情。有些父母只有在孩子小时候才表达亲昵的感情，当孩子稍大一点后便改以冷淡的态度，拒绝孩子的"纠缠"。然而身体接触可以令孩子切身体会父母的关怀。同时也别忘了接纳孩子对你们的爱意。

语气应温和，态度要友善。父母应避免用高昂、尖锐并带有威吓的声音对孩子说话，尽可能以微笑、欢快、平和的语气说话，显示出友善和冷静的态度。

多说"我"，少说"你"。父母应尽可能不用命令的口气与孩子说话，不要总说"你应该……"而应常说"我会很担心的，如果你……"这样孩子就会从保护自己不被指责的状态下转而考虑大人的感受，这个时候沟通才可能更有效。

此外，在倾听孩子说话时，还须注意以下几点。

1. 不急于作出评价。即使孩子的看法与大人不同，也要允许孩子可以有自己的想法。父母应考虑到孩子的理解能力，举出适当的事例来支持自己的观点，并详细地分析双方的意见。父母不压制孩子的思想，尊重孩子的感觉，孩子自然会敬重父母。

2. 分享孩子的感受。无论孩子是向你们报喜还是诉苦，你们最好暂停手边的工作,静心倾听。若边工作边听,也要及时作出反应,表示出自己的想法或感受,倘若只是敷衍了事,孩子得不到积极的回应,日后也就懒得再与大人交流和分享感受了。

3. 领会孩子的话意。婴幼儿在不开心、不满意时,就会直接用啼哭来表示。逐渐长大后,孩子也知道哭不能解决所有的问题,因此,当他不快、疑虑时,往往将自己的感觉隐藏起来。再说孩子的语言能力尚未发展完善,不能以恰当的语句表达心中的想法。比如,当孩子生病时他会对你说:"妈妈,我最恨医生。"此时你应顺着他问:"他做了什么事让你恨他?"孩子若说类似于这样的话:"他总是要给人打针,要人吃苦药水。"你可以表示理解地回答他:"因为要打针吃药,你觉得很不好受,对吗?"这样,孩子的紧张心理会得以缓解。

4. 理解孩子的情绪。有时孩子也不清楚自己的情感反应,倘若大人能够表示出理解和接纳,他会有进一步的认识。譬如,当孩子知道奶奶买了玩具送给小表妹做生日礼物的时候,他吵着也要,此时大人应解释道:"你感到不公平,但要知道这是给妹妹的生日礼物,你生日时奶奶也会给你礼物的。"通过这番对话,能帮助孩子了解自己,了解社会,从而变得通情达理。

掌握沟通技巧,与孩子进行良好的沟通,不但可以建立起亲密的亲子关系,而且能帮助孩子健康成长。那么,知道亲子沟通的"三部曲"吗?

第一部曲:宽容——让亲子沟通无障碍

据了解,总会听到一些家长在抱怨,宝贝和自己的沟通越来越少了。完全不了解宝贝在想什么,有时更会对他们的所作所为感到吃惊,追究其原因,宝贝又往往不愿意说出他们真实的感受。沟通产生障碍,亲子关系亮起了红灯。

总会看到一些宝贝在苦恼,不知道该如何与同伴交往,彼此之间出现了问题,不知道该如何去解决,交往陷入僵局。

其实,之所以会有这些问题出现是由于宝贝们不懂沟通造成的。沟通是一种能力,更是一种习惯,应该从小开始养成。宝贝从小就养成与人沟通的好习惯，长大了才能更好地与人交往。

宽容是一种美德，是亲子间互赠的礼物。父母在宝贝犯错误的时候适当地给宝贝谅解、宽容，往往比对他一味地批评处罚，要能让宝贝心悦诚服，并且建立对父母的信任，播下与父母真诚沟通的种子。

印度民族英雄甘地在回忆自己成长经历时说过："是父亲那崇高的宽容挽救了我。"原来，甘地少年时期，由于好奇，染上了烟瘾，后来发展到偷兄长和家臣的钱买烟抽，而且越陷越深。渐渐地，他察觉到自己偷别人的钱，背着父母抽烟的行为太可耻了，他便把自己的整个堕落过程写在了笔记本上，鼓足了勇气，交给了父亲，渴望得到父亲的严厉批评、惩罚，以减轻内心的痛苦。父亲看后，非常生气，心情十分沉痛。但并没有责备他，只是流下了伤心的泪水，久久地望着儿子。甘地看到父亲痛心的样子，受到极大的刺激。从此，他痛下决心，彻底改正了错误，走上了正路。

甘地的故事说明了爸爸妈妈宽容的力量。在孩子有了过失而诚心主动认识错误，向父母沟通时，应当以宽容的态度给孩子心灵上的抚慰，进而强化宝贝敢于承认错误，积极与父母沟通的习惯。

让孩子学会宽容的三个要点：

1. 设身处地为对方着想

假如当孩子和其他小朋友发生矛盾时，父母可以教孩子试一试，把自己设身处地放在对方的处境下，问一下自己，要是我是他，遇到了同样的问题，我会怎样想，怎样做？孩子理解了他人，自然就学会了宽容，促进了沟通。

2. 父母要起表率作用

父母本身具备的品德，一般在孩子身上都可能找到。因此，父母首先要为孩子创造一个良好的家庭环境。一个整天吵闹不休的家庭，是很难造就出一个具有和蔼品质的孩子的。父母对他人热情、平等、宽容，是孩子最好的直观而生动的教材，会在潜移默化中培养出孩子尊重别人、能与别人沟通、与别人协调相处的良好习惯。

3. 让孩子多参加集体活动

让孩子多参加一些集体活动,使孩子在集体活动中自觉地意识到与他人真诚合作、相互沟通的必要性。

第二部曲:培养孩子语言沟通能力

语言可以表达思想,是与人交流和沟通的工具。要想让孩子养成与人沟通的好习惯,良好的语言沟通能力必不可少。儿童期是语言发展的最佳时期,也是发展最迅速的时期。孩子学会利用语言进行沟通、交流,更能准确地表达自己的意思、情感,更便于在与人交往中正确有效地传递信息。

促进孩子语言沟通能力的五种方法:

1. 学会倾听并鼓励孩子多说

孩子的想象力最丰富,喜欢表达个人的见解。当孩子喋喋不休时,父母要以平等的朋友身份倾听,不要总是不耐烦地打断孩子的说话。

2. 用身边的物品教孩子练习说话

家庭中有数不尽的语言训练材料,电器、家具、水果茶点等,都可以作为你和孩子谈论的对象。

3. 让孩子置身于玩具和童话的世界

玩具和色彩斑斓的儿童读物是孩子的钟爱,放手让他们去玩,在玩乐中形成良好的思维并发展语言。

4. 有意识地引导孩子说话

经常选择不同的话题引导孩子说话,一个小小的提示,一张彩色的图画,一段精美的诗文,一个故事结局的联想,都能引起孩子一大段对话。

5. 多和孩子交流

学习语言在于应用。孩子如果不能把自己的语言优势运用在与人沟通上,那么沟通还是会处于劣势。

第三部曲:让孩子学会与人沟通、进行合作

让孩子懂得与人沟通,进行合作,可以让孩子和家人一起完成某项任务。在孩子心中建立其家庭是一个生活团体的概念,每个人都要各司其职,互相沟通,互相合作才能生活幸福。

下面有这样一个场景:

周末,迪迪的父母要带他去郊外爬山,然后野餐。临行前的一天,一家三口人商量该如何进行准备:妈妈负责去超市买食品,爸爸准备烧烤的炉子,迪迪负责准备调味料。爸爸要求他们列出一个单子,请爸爸过目,随后便开始准备。迪迪又翻了一遍,大家都在那儿等着。迪迪一边往外跑一边说:"放心吧,我会带好的。"爸爸不太相信他会准备齐全,想自己做,转念一想应该让迪迪有一个锻炼的机会,于是便没有再督促迪迪。而迪迪玩到很晚才回家,到厨房忙了一会儿,弄出一袋子瓶瓶罐罐,就去睡觉了。

第二天当肉烤好,需要调料时,问题出现了。"迪迪,烤肉汁放在哪里了?"迪迪怎么也找不到了。"我记得我从冰箱里拿出来的,怎么会没有呢?"迪迪又翻了一遍,大家都在那儿等着。迪迪终究没有找到,不觉惭愧地低下了头。

爸爸妈妈没有责备迪迪,只是告诉迪迪应该从这件事上得到一些启示。爸爸其实已经预料到可能迪迪会落下东西,但如果爸爸出发时就检查,会让迪迪觉得爸爸不够信任他,所以爸爸选择了这种方式,让迪迪自己受到启发和教育。让孩子也从中学会了如何与人沟通,进行合作。

培养孩子沟通、合作能力的三种方法:

给孩子创造良好的家庭氛围

父母必须把家庭成员之间的关系处理得恰当、合理。对邻居、对客人都要热情、平等、关系融洽、多沟通。让孩子以父母为榜样,逐步养成与人沟通,进行合作的习惯。

1. 树立平等观念

要教育孩子在平等的原则上为人处世,告诉孩子要对谁都进行平等的沟通。只有这样,才能在交往中与别人互相信赖,和睦相处。

2. 要让孩子多参加集体活动

那些"以自我为中心"的孩子,开始在集体活动中很难与小伙伴沟通,和睦相处,只有碰了几次钉子后,才会意识到在集体活动中一定要学会沟通,获得与他人相处的经验。

只要家长能够从小就养成与孩子沟通的习惯,相信,无论到什么时候孩子都会愿意与父母沟通,善于处理人际交往,成为受人欢迎的孩子!

情景分析

情景描述:亲子之间良好的沟通十分重要,如果家长愿意倾听孩子的述说,理解孩子的无奈便会有助于亲子之间的交流。

教育学家认为,家长要想和孩子有效沟通,一是要对孩子的身心发展有个认识。孩子到了青春期前后,独立性会增强,对父母的依赖性会减弱,有些甚至不太愿意和父母说话,并逐渐转向将心里话和自己要好的同学说。这是孩子成长的一个过程,父母要有心理准备。二是要多鼓励孩子独立发展。既然孩子独立意识增强了,家长就应该主动引导孩子独立发展,多给孩子一些表现自己的机会。三是家长要改善家庭沟通环境,千万不要在饭桌上上"政治课"。饭后,家长可以不急着收拾碗筷等,家长可以和孩子漫无目的地聊上 10～15 分钟。这个时候,每个人都可以谈自己的看法,相互之间可以探讨,这样可以融洽家庭成员的关系,孩子也不会感到拘束。他会畅所欲言,把学校里的一些人、一些事及他对某事的看法告诉你。四是孩子逐渐长大后,难免会产生感情上的一些瓜葛,家长千万别大惊小怪,也千万别搞"侦察"。这是正常现象,如果孩子到了一定的年龄,没有要好的男女朋友,那就不正常了。"孩子到了十三四岁,就进入了'断乳期',想独立,但又缺乏独立的能力,因而常常表现出其矛盾的一面,叛逆、不听话。"平时,家长要特别关注孩子心理与生理方面的变化。和孩子沟通的时候,首先要建立在平等的基础上,要尊重孩子。平时不要"我讲你听",一副居高临下的样子,这样孩子往往不领情。最好是尽可能站在孩子的立场上,想想孩子的愿望与需要。其次,要善于倾听。平时家长要少说教,与孩子交谈时要注意语气,少用"你应该怎样怎样"。尽可能让孩子多说，不要抑制孩子的交流欲望。家里的有些事情，也可以征求一下孩子的意见。第三，平时要多鼓励孩子。有些家长平时很忙，很少有时间和孩子在一起，到了周末就会给孩子以物质上的补偿。当孩子成绩不好时，又会责怪他们。其实，这时候家长应该给孩子多一些鼓励。孩子碰到困难与问题时，家长要少一点责怪，帮助他们分析一下失败的原因，看看困难该怎么解决。第四，要不断学习，树立威信。家长平时要不断学习，否则孩子会觉得你落伍了，有些话也不愿意和你说，你在他心目中的地位也就会逐渐下降。

中国有句古话叫"说者无心，听者有意"，也就是说，一个人无心地说了一句话，却有意地伤害了别人，使听的人心里感觉不舒服、不平衡。在人际交往中，这种变化的现象经常会出现，就像大自然中的瀑布一样，上面平平静静，下面却浪花飞溅，所以被称为"瀑布心理效应"。

在家庭生活中，"瀑布心理效应"就时常会发生，家长不经意说出的一句话，会对孩子的心灵产生很大的影响。例如，家长经常把孩子的房间称为猪窝，把孩子称为小脏猪，这样称呼使得孩子的自尊心受到了伤害，进而会令他们产生很多负面情绪。

家长的语言能对孩子的心灵产生很大的影响。但家长们往往意识不到它的危害性。

一般来讲，家长伤害孩子心灵的语言有以下几种：

恶言：称孩子为"傻瓜"、"没用的东西"等；

侮蔑：这样评价孩子："你简直是个废物！"

责备："你又做错事，你简直无药可救了！"

压制："住嘴，你必须听我的！"

讽刺："你可真为我们争光呀，竟然考了这么几十分！"

很多家长往往习惯了用某种方式教育孩子，例如，当孩子想表达自己的意见时，家长压制孩子说："住嘴，你必须听我的！"在这个时候，大多数的家长意识不到自己用错了语言和态度，更可怕的是，他们甚至还会认为,自己是家长,无论用什么样的态度教育孩子都是正确的。这样只会使孩子的心灵受到巨大的伤害,不仅会影响亲子之间的正常沟通,而且还会严重影响孩子的心理健康。

"你怎么就不如人家××成绩好呢,谁谁比你强多了……"很多家长常常用这种对比的语言教育孩子。其实,家长也许不知道,这种语言会对孩子产生两大负面影响:

一是,让孩子感觉自己是个二等公民,并且会感觉自己处处不如别人,这种感觉严重时,他们会破罐子破摔,从此不再做任何努力。

二是,会导致孩子的仇恨心理。他们会认为,他们之所以会受到家长的批评,完全是由于那些比他们优秀的孩子,因此,他们会仇视那些优秀的孩子,会处处与他们作对。在这种心理和行为的影响下,久而久之,孩子会变得越来越狭隘,最终这种狭隘会转变成孩子一生的性格。

做父母的,没有谁不爱自己的孩子,经常拿别人家的孩子与自己的孩子相比,也是希望孩子能以他人为榜样,学习别人的优点,超越别人,为父母争光争气。但是,有时候好心也会办坏事,爱孩子,就不要拿自己的孩子与他人作比较。

美国学者戴维·刘易斯在他的《教育孩子四十条》中,有这样一条:"从来不对孩子说,他比别的孩子差。"当然在孩子成长过程中,父母让孩子以出类拔萃的人物为榜样,向他学习,这对孩子的发展自然是十分有益的。但用挖苦的口气,拿他人的长处来贬低自己孩子的做法却是完全不对的。孩子尽心了,切不可一味地苛求他们。因为,任何比较都是有害的。每一个孩子都有他自己的个性,每一个孩子也都应该从他自己实际的基础上发展,而不是做别的孩子的复制品。

父母最好的办法是不要把自己的孩子与别的孩子比较,而是关注自己孩子每一个微小的进步。毕竟每个孩子有每个孩子的特点。人生在世,从没有哪两个人是一样的,各人有各人的天赋,各人有各人的性格,各人有各人的能力。如果父母只和高的攀比,看不到自己孩子的长处,而只看到孩子的短处，便容易使自己的教育收不到应有的效果，甚至失败。所以，明智的家长从来不拿孩子与别人作比较，而是鼓励孩子发挥优点，用宽容的心态接受孩子的不足，并想办法引导孩子去弥补自己的不足。

与孩子沟通是门学问，更是一种细节艺术。为了保证孩子脆弱的心灵不会受伤害，在生活中，在每一个教育细节上，家长都应该随时在意自己的语言，这才是家长顺利与孩子沟通的前提。

良好的沟通奠定良好的亲子关系，良好的亲子关系奠定了成功的家庭教育。让每一位父母每天都多花点时间在孩子身上，为了孩子，做一个终身学习型的家长，学会换位思考，多角度观察，不要急于下结论，多途径接近孩子的心理，多捕捉孩子做的正确的事情，用孩子喜欢的方式沟通，多给予孩子鼓励和欣赏。

我们要真正了解孩子的感受，尊重他也是一个生命的个体。孩子是他生命之船的船长，你不能替他开那艘船，你可以给他一片安全的海域，让他自由航行。孩子的生命就像一块空白的画布，你可以买颜料和画笔给他，但是你不能替他在画布上画任何颜色，你必须信任你的孩子，让他在画布上自由挥洒，因为那是他生命的画布。

您是否发现这几年来，社会伤害事件的年龄层逐级降低，一打开报纸，小学生加入帮派、用暴力对付同学的报道与日俱增，是不是我们的家庭教育出了问题？俗话说："养不教，父之过。"虽然许多父母对孩子呵护备至，但换来的却是孩子离家出走，甚至走上绝路，这让他们百思不得其解。

其实，这都是因为没有好好聆听孩子心声的缘故。我们常常抱怨孩子吵吵闹闹，弄坏东西或者对他的学习束手无策，却以为已经尽了做父母的责任，但事实真的是这样的吗？想想看，自己爱孩子、管教孩子的方式对吗？有没有哪里出了差错？或许你已经在无意中伤害了孩子，成了孩子的坏榜样还不知道呢！倘若父母观念不正确，往往会影响小孩日后的人格发展,亲子关系也无法往正确的方向前进。接下来,我们谈一谈如何与亲子心灵对话。

儿童心灵跟儿童心理是不一样的层次。那么,要问一下有小孩的朋友:你有没有打过自己的小孩?很多人都会说:打过!如果你打过小孩的话,那么再问你一个问题:回想一下,自己从小到大有没有被父母打过?通常很多人都会回答说:有!你过去被父母打过,为什么现在还会再打小孩呢?这种行为模式来自于什么?

这是因为自己在不知不觉中复制了父母亲加诸我们身上的一些行为模式,再反加诸自己的小孩。如果你现在用暴力加诸自己的小孩的话,那日后这个小孩子也必然会用暴力来回馈给你。他们也许不会打父母,但他们回馈的方式却千奇百怪。他可能在外面犯罪,被警察抓,此时父母当然会去保他,可是父母的心会比谁都痛,这个孩子不就是在用另一种暴力来回馈你吗?

我们从很多的深层沟通个案中发现一个很明显的现象,这些人长大以后之所以会不自觉地打小孩,是来自于他们上一代的行为模式,然后,这种行为模式就会被一直复制下去,他们还以为做父母就是这样的!我必须讲一个很有趣的现象,我们要开车上路,就必须考汽车驾照,要当律师也要考执照,当医生也是一样,可是,当父母却不需要考执照,只要有了孩子,就理所当然是父母了。

一分钟对于很多人来说是微不足道的,但作为父母,如果用活、用精、用妙了"一分钟",会对孩子未来的成长起到关键作用。

1.一分钟接触

父母的手是托举儿女的手,托举的力越大,儿女所处的位置就越高。父母要注意摸摸孩子的头、肩膀、握握孩子的手,通过接触来传递父母与子女的亲情,传达给孩子爱和力量。但与儿女发生肢体的接触要注意心情、场合等。

2.一分钟倾听

海鸥倾听涛声,才会盘旋;雄鸡倾听黎明,才会唱晓;鲲鹏倾听九天,才会展翅。不要总是让孩子听,父母可转换一个角度,倾听一下孩子的呼声,走进孩子的心灵世界,进行心与心的碰撞。这样才可以更好地了解孩子的内心世界,增进父母与孩子之间的信任与情感。在倾听孩子的讲话时,一定要集中精力、精神振作、态度和蔼。

3.一分钟游戏

笨拙的孩子在游戏中找乐,聪明的孩子在游戏中找知识,杰出的孩子在游戏中增智慧。游戏可以增进家长与孩子的情感,提高孩子的生活兴趣,调整孩子的精神状态。家长带孩子进行的游戏,必须是健康的、积极的、有趣味的,引领孩子过充实的、向上的、快乐的生活。

4.一分钟矫正

风给垂柳以矫正,才会有婆娑;浪给静水以矫正,才会有鱼跃;帆给船舟以矫正,才会有航速。孩子有过错的行为时,家长一定要明确指出正确的行为应该怎样,错误的行为将会带来怎样的危害,矫正孩子的错误行为,不可任其发展,否则积重难返。但面对孩子的错误时,家长首先要弄清是由孩子主观因素还是非主观因素造成的,其严重程度如何。矫正还要注意场合,语言要平缓,态度要温和,不急不躁,要循序渐进,不可急于求成。

5.一分钟激励

激励能使人永远充满自信,激励能使人永远充满希望,激励能使人永远感悟幸福。孩子出现过错以后,一定要进行矫正,但在矫正的同时,应该用发展的眼光看待孩子,多给孩子一些鼓励,激励孩子前进,引导孩子反思,以情动人。家长要有耐心与恒心,要毫不吝惜地拿出激励的武器,激发孩子的生活、学习兴趣,激发孩子的斗志,激发孩子的自信心,不断地促进孩子的发展。

6.一分钟赞美

阳光赞美一番花朵,花朵就会灿烂;雨露赞美一番禾苗,禾苗就会苗壮;大地赞美一番山川,山川就会锦绣。孩子的身上总会有独特的优点,有他闪光的地方,作为父母要注意发现孩子生活、学习中的优秀表现,抓住最佳时机,进行赞美。在赞美的过程中,要注意方式、地点、语调、时机、程度等。

7.一分钟参与

参与能体现民主、平等、人格的尊重;参与能体现友爱、融洽、和谐的氛围;参与能凝聚智慧与力量;参与能促进人的主体发展。在一个家庭中,父母应尊重孩子的主体地位,家里办大事时(如买房、买车、添置电器设备等),应该了解孩子的意见,让孩子参与家庭大事的管理,尽可能达成共识,这将有利于家庭良好氛围的形成。在孩子参与的过程中,要注意参与的度,尊重与引导相结合,不要什么都顺从孩子。参与的目的是为了培养孩子思考问题的习惯,促进孩子能力的提升,而不是一味地满足孩子的要求。

回音壁

父母是最了解孩子的人,而且父母的生活阅历也很丰富,与父母沟通有利于解决青少年成长过程中的烦恼和问题。而同龄人大多会有类似的问题,一起讨论可能会导致大家都变得更消极,也解决不了什么问题。

那么,作为孩子,我们要与父母搭建良好的心灵沟通的桥梁。在生活中,我们不仅要尊重父母的提议和意见,还要及时地和父母说出自己的想法,让父母了解我们的内心,更有助于亲子之间的沟通。

下面是一个同学的成长日记,写出了自己对父母给予爱的一种感悟。让我们一同体味文字带给我们的魅力吧!

小时候,我们对父母依附、崇拜。进入青春期后,我们有了自己的思想,开始独立行事,渴望从家长那里拿到"解放证书",渴望父母像对待大人那样对待我们,甚至挑战父母的权威。而在父母的眼里,我们总是长不大的孩子,没有生活经验,没有丰富的阅历,却有自己的主意。父母责怪我们越来越不服管教,越来越不懂事,而怀念我们小时候的乖样子。他们对我们的关爱之心没有变,只是要求更加严格,免不了多叮嘱几句,在我们听不进时,就觉得家长唠叨、啰唆。于是,我们与父母之间就产生了矛盾。望子成龙、望女成凤,是天下父母共同的心愿。我们与父母的冲突,往往基于父母对我们的高期待、严要求。这种在我们看来有些苛求的"严",反映出父母对于我们的爱,我们要理解、体谅父母的一片苦心。与父母发生冲突,如果以强硬的态度顶撞,以粗暴的举止反抗,或者对他们不理不睬、冷淡相对,或者由对某事的分歧迁移到对父母本人的恶感,甚至采用极端的办法来处理,都是错误的,会造成极大的危害。在家中,父母与我们之间容易产生矛盾和代沟,对此不能否认,不能漠视,但也不能夸大。积极的做法是从中架起沟通的桥梁,沟通是双方的事,我们做子女的,要走近父母,亲近父母,努力跨越代沟,与父母携手同行。在家庭交往中,与父母不必太计较。即使父母错了,也要多原谅,不要非与父母争个高低上下,有时即使争赢了,也不一定给自己带来快乐,给家庭带来幸福;我们认了错,也不会丢面子,反而让我们丢掉包袱,得到更多的爱和快乐。沟通是心灵与心灵之间的桥梁,沟通是两个人倾听对方的心声。随着年龄的增长,我们与父母之间的沟通变少了,取而代之的是饭后的一声声震撼心灵的关门声,是我们和父母之间的沉默和争吵。缺少了与父母之间的沟通自然也就和父母之间有了"代沟",无形之间产生的隔阂。有人说:"现在的老一辈永远不理解小一辈的所作所为,而小一辈永远也不理解老一辈所说的话。"时代的不同,思想的不同,年龄的不同,使我们与父母产生了分歧,我想这一点大家都深有感触吧?我的爸爸妈妈一直很看重我的学习成绩,其实,我知道他们也是为我好,可是有时候我也需要一个属于自己的空间。我想有一个自己的学习时间,我想有一个自己的休息时间……可是,我的这些想法都只是藏在心里,并没有和爸爸妈妈说,说出来怕他们生气,又说我什么不想好好学习,什么翅膀长硬了,不听话……爸爸妈妈,我已经学会安排自己的时间了,你们可以放心了,我知道自己的任务是什么,作为一名学生,我当然知道我的首要任务是学习,但是,我也需要休息,我也要玩耍,毕竟我还是一个小孩子……爸爸妈妈,一次考试没考好并不代表我永远都考不好,考不好,我知道,我的心情也不好,所以你们不要再责备我了,不要再因为一次没考好就对我板着脸了,你们这样我的心情只会更加的低落;爸妈,不要再因为我一次没考好,你们就为我找补习班,我知道你们是希望我能够学得更好,但是,我希望你们能够听一听我的想法,我需要你们耐心的倾听……爸爸妈妈,我会做一个好孩子,我会认真地做每件事情,我会好好地孝敬你们,只是爸爸妈妈,我希望你们对我多一点信任,给我多一些机会,有足够的时间让我证明给你们看,让你们看看你们的孩子是多么的精彩……爸爸妈妈,其实我也很优秀,只是你们没有发现,请你们不要再在我的面前说张三李四家的孩子又取得了什么样的成绩了,我知道你们是希望我也可以像别人一样的优秀,但是,你们知道吗,你们无意间伤了我的心,我需要的是你们对我的鼓励啊!爸爸妈妈,我多希望有一天我们能面对面坐下来心平气和地谈一谈自己的心声,可是,每一次,你们都说还不快写作业去,你们不知道,多少个黑夜我一个人躲在角落里默默地流泪,你们对我的期待,对我的要求,如巨石般压在我身上,压得我喘不过气来……

都说沟通是心灵与心灵的桥梁,可是,为什么和父母沟通却那么的难呢?为什么我们和父母之间会存在着"代沟"呢?让我们一起坐下来和父母谈谈心,把我们心中想的告诉父母,让父母知道我们的想法,让父母了解我们,也让我们走进父母的心灵,听听他们是怎么想的。我相信,我们一定能够和父母做朋友,父母也一定能够改变!

第十一章　案例共享

卡耐基取得世界性的成功最重要的一点是他能够很好地与别人沟通，他在自己的奋斗经历中积累了许多宝贵而有效的沟通人际关系的经验。他集几十年之大成，提出了令世人为之信服的社交沟通艺术的一般规律和准则。他说："与人相处的学问在人所有的学问中应该是排在前面的，沟通能够带来其他知识所不能带来的力量，它是成就一个人的顺风船。"

沟通是人们处世的一种艺术，对渴望成功的人来说定会大有裨益，因为处世沟通艺术是成功者必备的素质。

当父母和孩子之间出现矛盾时，多半是在沟通方面出现了问题。那么，作为父母也好，作为孩子也罢，都是怎样解决问题的呢？或许在生活中，人们只是把重心放在琐碎的事物上，但是忽略了与父母的沟通、与孩子的交流，问题的种种总是困扰着父母和孩子。那么，让我们一起探讨探讨解决方案吧！

明　镜　台

【案例一】

父母不要做孩子的家教

知音姐姐：

您好！我今年 32 岁，有个 7 岁的女儿现在上一年级，平时孩子好动很机灵，可是老师反映小孩上课注意力不集中，放学回家读书时我发现一个现象，她上课时没有记住的字或英语单词发音，不管我怎么重复教她，就是很难记住，有时一个字或单词要教几十遍甚至上百遍才可以勉强记住，每天晚上要花很多的时间教她读书，进度很慢，而且每天要很晚才睡觉,我怕影响她休息,第二天上课又影响了!请问知音姐姐,这种情况的孩子您遇到过没有?有什么方法可以改善一下吗?

谢谢!

一个家长

【案例二】

不想背唐诗

知音姐姐:

救命啊!我现在8岁了,我妈妈突发奇想,让我天天背唐诗,还说邻居家3岁小孩儿都天天背。我们学校作业就够多了,她还让我加班加点的。我抗议!抗议也没用,她还是让我死记硬背。我该怎么办?

小美

【案例三】

到底和孩子聊什么

知音姐姐:

莎莎5岁了,我现在遇到了一个特别大的烦恼,不知道如何与孩子进行交流,孩子也是觉得我做得不好。虽然看了有关亲子沟通的不少资料,但是我还是不知道和孩子聊什么话题比较好。我相信很多家长也会遇到类似的问题,希望能够得到您的帮助!谢谢!

莎莎妈

智慧树

像案例一中这样的小女孩是非常常见的孩子,像案例中的家长也是非常常见的家长。一方面,受过高等教育的家长,正处在事业上升期,背负压力却勇往直前,要强奋进的心怎么能容忍自己的孩子落后给同龄的孩子。另一方面,刚上小学的孩子,环境发生了变化,从最初的无忧无虑到严格要求纪律,从自由发挥想象力到统一的教学考试,让她怎么能那么快适应呢?

其实在生活或工作中,是家长更加感受到内心的痛苦,并希望把问题在咨询师这里解决掉。那么我们要帮助的人就是案例中的家长。

从始至终,案例一中的家长一直围绕着一种标准来评判孩子,如"很难记住"、"勉强记住"、"进度很慢",这个标准是由家长本身钦定的。家长的这个标准也并没有客观数值厘定,而就是自我的感觉。最可怕的是家长拿自己和孩子进行比较,这就是好比大象嫌小象力气小,老鹰怪小鹰飞得慢。"用成年人的标准要求孩子"是古今亲子教育的通病。还记得揠苗助长的故事吗?我们的初衷都是伟大而善良的,而不当的行为却能真正伤害我们的孩子。

小孩子上课注意力不集中,平时好动又机灵。这是多么正常的一个现象!刚刚上小学的孩子,头脑会时常浮现家庭的场景。面对老师冷酷的脸,他更加迫切想念妈妈亲和的笑容。在很大程度上,小孩子的精神不集中表现了一种回避行为,即他们通过转移的方式来化解内心矛盾。另外,根据认知心理学的观点,精神不集中的孩子是因为大脑处理信息较快,所以这类孩子可以在很短时间内处理不同的事情,而精神集中的孩子就是我们常说的"反应慢"。一般来说,这种说法可以作为一种参考,并不是绝对的,但是有一点是可以肯定的,人的反应是可以经过训练而改变的。

第一,不要过多询问孩子的学习,去关心孩子的生活和爱好。一个人只有爱生活,才会更爱学习或工作。一个对生活都失去兴趣的人,也就失去了梦想,当然也就更加不重视实现梦想的手段——学习与生活。

第二,让孩子明白学习是自己的事情。我们可以首先以访谈的方式,展开我们对于学习的讨论。静下心来,把眼前的孩子当作一个成年人。"现在学习成绩不太理想,告诉妈妈你觉得是什么原因?""有没有什么办法可以把这个问题解决?"这样的语言就像"踢皮球",始终把球踢给孩子,让他认识到学习是自己的事情。不要给予学习上的帮助,学校的教师与同学才是孩子去求助的最佳对象。在求助的过程中,孩子不但学会了知识,还学会了沟通。

第三,规律作息,养成良好习惯。学习时间和休息时间、娱乐时间由孩子自己来规划,规划好了就要严格执行。这样一方面提高了孩子的效率,另一方面也让孩子有更强的自主意识,进而提高了孩子的学习积极性。

案例二中,首先父母让孩子背诵唐诗一定是有他们的道理,可是这个道理却不一定科学。请记住当父母给我们提要求之后,我们应该采取以下的行动:

保持微笑,并频频点头,让父母感觉你很懂事。

请父母讲一下这个要求的目的是什么,然后认真倾听。

讲一讲自己最近的安排,希望得到父母的理解。

邀请父母充当自己的助手,并表示十分的感谢。

大刀阔斧做自己喜爱干的事情。

其实,如果我们经常做一些有意义、对你成长有帮助的事情,并及时和爸爸妈妈沟通,他们一定会支持我们的。他们总是担心我们把世界上最宝贵的财富——时间给浪费了。如果我们不喜欢唐诗,也许喜欢画画,或者摄影,把你最喜欢的一项爱好或多项爱好拿出来多加操练,让它们成为我们的特长,我们的父母会对我们刮目相看的,到时候它们一定会更加支持我们做自己喜欢做的事情。

此外,自己的爱好或特长,一定要展示给我们的父母或好朋友,让他们知道你在忙些什么,既表现出我们的能力,又能让他们更加关心你。在与他们进行沟通交流的过程中,我们一定会学到很多,父母也会更为我们自豪。

在案例三中,其实,人际关系的好坏取决于亲子关系,亲子关系取决于亲子沟通，亲子沟通取决于亲子沟通的话题。好的话题决定了好的沟通，没有好的话题，就没有好的沟通。

那么我们应该与孩子聊些什么呢？当然是共同话题。无论是销售员与客户、丈夫与妻子，共同话题才是使双方拉近关系的法宝，可是我们与孩子有什么共同话题呢？从年龄到能力，从环境到经历，基本上我们没有任何的切入点。在这样的情况下，父母对待幼儿的态度，往往是"宠物化"的，这种做法对于儿童的身心发展很不利。

情景分析

情景描述：孩子与父母之间的沟通敷衍了事，不喜欢父母的唠叨，一味地应付父母对自己的关心和叮咛，不能深刻理解父母对我们的爱，只是看到事物被自己所关心的一面，而没有重视到事物另一面的光彩。

曾经做过一些调查分析，从与部分学生交谈中，都发现一个比较普遍的现象，半数以上的学生都有一个同样的认识：父母爱唠叨！造成孩子不仅逆反，简直是反抗。从管理与教育的有效性上讲，这样的父母的说教是失效的。但从我们的学生（父母的孩子）们角度上讲，需要做好下面的事，改变这个现状。

一是做好自己的事让父母放心。天下父母最不忽视孩子的成长，但最忽视孩子的成熟。父母为什么要不厌其烦地叮嘱，是因为你是他们的孩子，他们有义务培养你；是因为你小时候赖皮的样子还在他们脑海里保存；是因为你现阶段没有实现他们对你的要求和目标；是因为你还有很多事让他们不放心。你没有理由拒绝他们的唠叨，没有足够的自信不让他们唠叨。所以建议弟子们尽快成长成熟起来，尽自己最大的努力，做好自己的事，别懒惰，他们叫你做的事，别拖别赖。在学业上有所成效，在处世上头脑清醒，在生活上学会独立等等。

二是充分理解父母并主动交流。与父母换位思考，理解他们的难处,别将好心当驴肝肺,还抱怨父母的不周到。更何况你在享受父母的养育之恩,所以你得学会用平静的语气与父母说话,用一种主动的姿态与父母沟通,让他们明白你在做什么,为什么要那样做,你尽了多大的努力去学习,你遇到困难时想了些什么办法,你近期在哪些方面获得了成功,你在哪些方面需要他们帮助,这样父母就不会抱怨你不认真,做事拖沓,没有上进心等。

三是在学业上尽力让父母满意。中国式的父母特别看重你的学习成绩,因为那涉及到你的未来你的前途,更别说光宗耀祖、人前荣耀,还有作为部分家境困难的同学你还是父母养老的依靠。所以父母希望你未来有出息,能够具备独立的救生技能,过上高质量的生活,能够为社会做贡献,更不想让你成为父母家庭的负担。还有更应该理解的是,如果父母不具有学习方面的专业知识,他们可能成天跟你说的是:一定要认真,一定要刻苦,一定要勤奋,但又无法提供具体可行的方法。

四是学会承担责任帮父母分忧。父母们最怕自己的孩子没有责任心、没有上进心。你时常在父母面前任性,一些基本的事都做不好,这是父母最担心的。随着你的心智成熟,阅历经验的积累,学识与见识的增长,你更应该体贴家人。教大家一个法宝:当你父母遇到困难的时候,比如他们吵架、工作不顺等烦躁的时候,你如果还能够为他们想想办法,并用自己的智慧去帮助他们解决,并且方法实用有效,他们会对你刮目相看,以后就会慢慢地意识到你的成长。

孩子一定要平心静气地和父母沟通,最好是能把父母看成自己的好友。发生了争执的话,要先想想自己在这件事情上有没有做得不太好的地方或者是不对的地方,如果是自己的问题要自己反省改正错误,如果是父母有什么不对的地方,不要与其争吵,要坐下来与父母沟通一下,相信父母也会接受你的看法。而且在解决这个问题时双方都要冷静,因为烦躁是解决不了问题的。只有这样才能更好地与父母沟通,加深彼此的理解。人与人之间,是"以心换心"的,你与父母也是这样的。首先,你应该做到,诚恳地和父母说出你希望他们怎么样,你对他们不理解的地方是什么,找个轻松的时候,与父母交心吧,在说明时,也许会产生这种情况,父母觉得你是小孩,对你的想法不屑一顾,千万不要和父母发生争吵,因为他们是长辈,我们应该尊敬他们。这时你可以采取书信的方式来与他们说。其次,你也要在与父母谈心时,了解到父母的想法,指出他们让你费解的地方,你也要力求理解父母的内心。

那么,我们怎样正确对待与父母的代沟和矛盾?

1. 要走进父母,亲近父母,努力跨越代沟,与父母携手同行;

2. 学会与父母沟通商量。通过商量,弄清分歧,找到双方都能接受的办法。通过沟通,我们就能得到父母的理解,甚至改变家长的意见。

3. 把握与父母沟通的要领:彼此了解是前提,尊重理解是关键。理解父母的有效方法是换位思考,沟通的结果是求同存异。

在孩子与父母交流的过程中,要讲究交往的艺术。

1. 赞赏父母,交往起来无烦恼;

2. 认真聆听,交往起来免误会;

3. 帮助父母,交往起来无障碍;

4. 在家庭交往中,与父母不必太计较。即使父母错了,也要原谅,不必争个高下输赢不可。

与父母不是一个时代的人,生活阅历不同,很多时候对一些问题的看法会很不同,这一点不论是你还是我或是很多人,都是一样的。每个人都有自己的想法,都想按照自己的想法去做,但是和大家生活在一起,就不应该只考虑自己的想法。其实父母的很多看似老套或是讨厌的话或做的事情,也是经过他们考虑过后才做出来的啊。况且,父母也是为了自己的孩子好啊。其实与父母之间的沟通也很容易的。不论是孩子还是父母,如果能站到对方的角度,能够用心去交流,那么所有代沟或是其他原因所产生的问题也会很好解决的。

随着孩子的长大,逐渐开始嫌我们做父母的说话唠叨,很多父母很困惑,我们都是为他好,怎么还嫌父母唠叨呢?其实,唠叨不但让孩子觉得"很烦",也会让有些父母感到孩子不尊重自己。下面的一些方法可以帮助家长们避免对孩子的无谓唠叨:

1. 抓大放小

孩子在成长的过程中会有许多事情需要大人操心,但有些事情是无关紧要的,有些事情也许并没有成人想象的那么严重。家长教育孩子时可以让自己放松一点,对于孩子生活中的一些琐碎小事,放手让他自己去做,如果总是一而再再而三地去提醒,孩子当然会嫌你唠叨。家长应当学会把最主要的精力放在重要的事情上,照顾孩子最核心的需求,比如孩子的人生态度、价值观、未来志向、学习习惯、学习方法等等,这样一来,不但家长自己轻松了许多,孩子也会自然与你更亲近,也会自然更听你的话。

2. 学会等待

一些家长有这样一种心理,自己说一句话希望孩子马上就言听计从;自己提出一个目标,希望孩子一下子就能达到。可是我们不要忘了,孩子就是孩子,他的心智和能力并没有发展到那么成熟的地步,一些事情他可能还没有理解,一些事情他可能还不知道怎么去做,一些事情他可能还会常常出错。因此,做家长的必须要学会等待,要克制住自己的急躁情绪,给孩子一定的时间去转变,允许孩子有所反复。孩子的成长是需要一个过程的,不管是生活自理能力的提高,良好习惯的养成,还是文化知识的积累,都需要时间的历练,而且这个时间不会因为有家长的唠叨就会缩短。

3. 只说一遍

家长如果想让孩子做什么事,应当选择恰当的时机,然后和孩子面对面坐下来,严肃认真地与孩子谈。家长可以明白地告诉孩子:"你听好了,这话妈妈只说一遍。"在对孩子说的时候,一定要突出重点,挑选有分量的话讲一两遍就可以了,不要对孩子反反复复地唠叨个没完。如果你对孩子没有把握,可以再给他解释一下其中的要点。即使是在纠正孩子的错误时,家长也不要喋喋不休地数落和教训孩子,凡事点到为止,只要孩子能够认错并愿意改正就可以了,要知道,唠叨在大多数时候是不动听的,说多了反而起不到好的效果。

4. 就事论事

是孩子都会犯错,当孩子犯错误时,有的家长总喜欢翻孩子旧账,把孩子的种种"恶行"全部数落一遍,越说越来气,越来气就会说得越多。其实,孩子在生活中犯一些错是正常的,孩子就是在不断地改正错误的过程中成长起来的。对于孩子犯的错误,家长应当就事论事,联想太丰富了只能让孩子觉得你太烦人、太唠叨。

在理解了父母的用心良苦之后,我们再来看看用哪些方法去沟通。

方法一:正确认识自己,消除叛逆心理。同学们心理处于断乳期,伴随产生一种逆反心理,总想摆脱父母监督,同时观念、行为、个性上存在偏激和不足。有时不管父母说得对不对,总之父母一讲话就反感,这种心理要消除。有一位学生曾经这样说:"父母总是让我多穿点衣服,我偏不穿。"我问她:"那你不觉得冷吗?"她说:"冷,本来我是打算穿的,但因为妈妈叫我穿了,我就不想穿了。"不知道同学们是否有类似她这样的想法,其实这是一种很错误的想法,你们看,宁可冷,也不听父母的话穿多点衣服,这不是逆反心理作怪吗?这些同学做一件事只是为了与妈妈作对,毫无自己的主见,甚至不管对不对。许多同学一听到父母的话就顶嘴,假如能想一想父母说得对不对,或用解释说明或自嘲取代顶嘴这种偏激的方式,效果一定好得多。

方法二:适当改变自身个性行为。有很多同学总是说妈妈很啰唆。但是你知不知道,妈妈为什么总是讲来讲去呢? 那是因为她觉得你没有做好,她不放心。如果你在父母啰唆前尽可能做好所有会被啰唆的事(如洗碗、做作业、整理自己房间、不乱丢垃圾等等),让父母没有啰唆的机会,那么父母就会觉得孩子已经长大了,不再需要他们操心,心里很高兴,自然就不会讲来讲去了。问问自己:为什么父母看不惯自己的言行举止呢? 自己是不是可以做得更好一点呢? 找出自己的不足,尽可能尝试改变。并且尽可能在父母说话前做好。比如他说你"懒得洗碗",那么你就在父母说这句话之前去洗好;他说你不复习,你就尽量多些复习。总之,只要是对的,对你有利的,为什么不做好一些呢? 既可免去父母的唠叨,对自己也有益,何乐而不为呢?

孩子们生活在不同于成人的另一个世界之中。有些事情对父母来说并不重要,甚至令人烦恼;但对孩子们来说就不同了,那可能是意义重大的事。父母不必假装对孩子们的事情感兴趣,但是必须对他们感情和观点表示尊重。因此,经常与孩子讨论他们的事情是必要的。

这里列出的主要是青少年通常感兴趣的几个方面:

学校:如果父母问孩子:"今天你在学校做了什么?"他很可能会回答说,"什么也没做。"当然,这不是真的。孩子这样回答其实是因为父母的提问太笼统,引不起孩子的兴趣。父母不妨结合孩子正在学习的课程内容和学校的活动,问一些具体的事情,这样很可能开始一段对话。

业余爱好和个人兴趣:不少青少年喜欢体育,父母不妨与他讨论喜欢的球队或赛事,可能的话,可以一起去现场观看比赛;音乐也是青少年所热衷的,父母至少应该知道流行歌手的名字。如果你认为孩子正在听的音乐是不适当的,或认为他的"追星"行为有些过分,不妨坦率地告诉他们并且说明为什么,保持沉默往往会被误解为允许。

情绪:青少年常常对许多事情感到担忧,如自己的朋友、流行事物、性、超重或太瘦、明天的测验、上大学以及世界的未来等等。所有这些事情都可能使孩子情绪波动。父母有时可能难以判断这些事情对孩子到底有多重要。如果是这样,父母可以直接问孩子:"这个问题对你来说是无足轻重的、中等重要的,还是重要的?你经常对此感到担心吗?"在了解了之后再决定如何帮助他减轻烦恼。

家庭:青少年喜欢谈论和参与制订家庭计划(如购物、假期安排),这其实是孩子社会性发展的必然反映。父母应充分发挥孩子的积极性,与他一起讨论家庭的计划和安排,鼓励孩子发表意见,重视并采纳其合理意见。这样不仅能够增进孩子的归属感和安全感,还培养了孩子对家庭的责任心以及分析处理问题的能力。

敏感话题:青少年有时希望与父母交流一些敏感的话题,如毒品、性、艾滋病、离婚等等。在处理敏感话题时,父母要记住,回避并不能使它们消失,反而会促使孩子从媒体或朋友那里寻找相关信息。如果他得到的信息是错误的(这种可能性相当大,青少年从地摊小报上获得片面的性知识就是例子),就会妨碍孩子正确价值观的形成。同时,对敏感话题的沟通要确保孩子能正确理解,否则宁可暂时延后。

父母的生活、希望和梦想:许多青少年希望了解父母的世界,包括过去的和现在的。比如,小时候玩什么?是否碰到过令人讨厌的教师?上小学的时候得到过零花钱吗?如果有,是多少?谈恋爱时是爸爸主动吗?单位的老板凶不凶?当然,这并不意味着父母必须把所有的事情告诉孩子,对不恰当的问题最好延迟作答。尽管如此,对孩子讲述自己童年的事情和现在的生活有助于孩子应对他自己的生活。

未来:随着认识能力的发展,青少年开始更多地思考关于未来的事情,更多地谈论对未来的设想。他可能会问父母一些问题,如,上大学是什么感觉? 什么时候可以结婚? 将来做电脑工程师怎么样? 工作以后能不能有自己的汽车? 等等。对孩子的问题,父母应认真地回答;如果你无法回答,就要诚实地说"我不知道"。

文化,时事:现代的世界是一个媒体丰富的世界,青少年也被电视、音乐、电影、录像和电脑游戏,以及其他形式的媒体包围着。父母要认识到,这些媒体能提供一个了解青少年内心世界的窗口。例如,如果你和你的孩子看过同一部电影(一起看或分别看),你就有了对话的机会。所以,父母应当对青少年热衷的媒体给予同样的关注。当然,父母也要看到媒体传播的不良信息可能带来的消极影响,对孩子利用媒体的过程进行必要的指导和监督,通过交流帮助孩子提高对不良信息的鉴别抵制能力。

回音壁

父母唠叨,我们该如何应对?

父母唠叨,几乎是所有孩子的心声。随着我们的不断长大,总会做错一些事情,而父母为了纠正我们,帮助我们不要误入歧途,所以一般都会唠叨上几句。但是作为孩子,恐怕是最怕父母的唠叨了……下面让我们一起看看网友们的观点。

网友①:我妈我爸特爱唠叨,一唠叨就能唠叨几个小时。作业没写完——唠叨! 考试没考好——唠叨! 没收拾房间——唠叨! 总之,我哪没干好都唠叨! 就连早点吃得少我妈都唠叨……我真的是好烦啊……家长唠叨的时候我都想找个地缝钻进去! 要是家长能不唠叨就好了……

网友②:家长唠叨是为我们好。有的时候我们的确做错了,所以家长才会唠叨我们。只要家长开始唠叨了,我们就要自己检查自己是否出现了什么问题。有的时候,我妈说让我多穿点,我没多穿,晚上放学回家就会知道妈妈为什么让我多穿,因为冷。父母总是对我们好的。不会害我们。唠叨就是他们对我们的爱吧!

网友③:对于父母唠叨,我们就当耳旁风就是了。左耳朵进右耳朵出就好。他们说的没什么有用的。听着烦心情还不好,还不如当催眠曲。唠叨就唠叨吧!

网友④:唠叨是浓浓的关爱;唠叨是温暖的呵护;唠叨是母爱的重叠;唠叨是亲情的附加。父母因为爱而唠叨,孩子因为感激而理解他们的良苦用心。让我们架起一座爱的桥梁,与父母之间多一份理解,多一份沟通。愿大家都能在父母的唠叨声中汲取营养,用自己最优秀的表现让父母放心,为父母的"唠叨"画上一个圆满的句号。同学们,此时此刻你最想对父母说些什么?

对于父母唠叨,你有什么苦衷?你有什么想法?快快发表你的意见吧。